Practical Russian Reader vol.1

Short stories in Russian for Intermediate students

Tamara Moreton

www.the-tortoise.com

Practical Russian Reader
By Tamara Moreton

Published by The Tortoise
An Imprint of Alan Moreton
Essex, UK

www.the-tortoise.com

First published as a Paperback
In the USA in 2012

ISBN: 10: 1470139790
ISBN: 13: 978-1470139797

Tamara Moreton has asserted her right under the
Copyright, Design and Patents Act, 1988
to be identified as the Author/Editor of this work.

Copyright © 2012 Tamara Moreton

All rights reserved. Without limiting the rights under copyright reserved above no part of this publication may be reproduced, stored in or introduced into a retrieval system or transmitted, in any form or by any means (electronic, mechanical, photocopying, recording or otherwise) without the prior written permission of the above publisher of the book.

Читаем по-русски книга1

Короткие рассказы для студентов на русском языке

Тамара Моретон

www.the-tortoise.com

CONTENTS
СОДЕРЖАНИЕ

1 КАК МУРАВЬИШКА ПОМОГАЛ СТАРШИМ 1

   Verbs of motion

2 ДВЕ ГОЛУБКИ 15

   Reflexive Verbs, Adverbs

3 О МУРАВЬЯХ 20

   Verbs of motion, Cases

4 ВСЁ В ТВОИХ РУКАХ 24

   Russian Gerund

5 БРАВЫЙ ЖЕНИХ или ПОЧЕМУ МЫШОНОК НЕ ЖЕНИЛСЯ 26

   Russian Gerund

6 МЫШОНОК И КАРАНДАШ 30

   Verbs of motion, Russian Gerund

7 ЗЕРКАЛО 35

   Reflexive Verbs, Russian Gerund

8 НАСТОЯЩАЯ МАТЬ 38

   Participles

9 БЕЛЫЕ ПЕРЧАТКИ 42

   БАСНЯ

10 ЧТО МОЖЕТ БЫТЬ ПРЕКРАСНЕЕ 46

   Short Adjectives

11	ОСЁЛ И БОБР	50
	Perfective verbs	
12	БАГАЖ	54
	Passive voice. Impersonal construction	
13	МУХА И КИТ	58
	Verbal Adverbs	
14	ЦВЕТОК КАКТУСА	63
	Short Adjectives, Participles	
15	ДВЕ ВОЛНЫ	72
	Verbs, Reflexive verbs	
16	ЧАСЫ, МИНУТЫ И СЕКУНДЫ	80
	Adjectives	
17	Appendix Russian verbs	82
	Grammar note	

PRACTICAL RUSSIAN READER

Practical Russian Reader is designed as both a reader and a workbook for Intermediate students of Russian. It contains sixteen short stories chosen for their interest and entertainment value as well as aids to language learning.

Each story has been supplied with a variety of questions and exercises designed to enhance understanding of grammar points and to help in the acquisition of vocabulary.

A comprehensive vocabulary to each story has been supplied to enable the conscientious student to obtain an understanding of the gist of each story.

Some question keys have been supplied to clarify certain expressions, but as this is not meant to be a parallel text, full translation has not been provided except in the vocabulary lists.

It is the heartfelt wish of the author/editor that Practical Russian Reader will provide students of Russian with an interesting and informative reading experience as they come to grips with learning this fascinating and important language.

Practical Russian Reader can be used as a teaching manual in a classroom situation or by Intermediate students working on their own.

СПИСОК СОКРАЩЕНИЙ
LIST OF ABBREVATIONS

adj., adjective – прилагательное
adv., adverb – наречие
conj. conjunction – союз
f., feminine – женский род
ger., gerund (Verbal Adverb) – деепричастие
imp., imperfective verb – несовершенный вид глагола
imper. imperative mood – повелительное наклонение
m., masculine – мужской род
n., neuter – средний род
p., perfective verb – совершенный вид глагола
pl., plural – множественное число
pron., pronoun – местоимение
ple., participle – причастие
v., verb – глагол
d., diminutive noun – уменьшительное существительное

The verbs are given in two forms either *p.* and *imp.* or *imp.* and *p.*
Some Nouns are given in diminutive or affectionate form which you cannot find in an ordinary dictionary.
Some adjectives are given in short form – *short adj.*
Some *Participles* and *Verbal Adverbs* are given, which you cannot find in an ordinary dictionary.

Найдите синонимы – Find synonyms. A **synonym** is a different word with almost identical or similar meaning.
Example: собака – пёс *a dog,* кушать – есть *to eat*

Найдите антонимы – Find antonyms: An **antonym** is a word opposite in meaning to another word.
Example: мало – много *a little – a lot,* большой – маленький *big – small*

КАК МУРАВЬИШКА ПОМОГАЛ СТАРШИМ

Verbs of motion – Глаголы движения   (по Т.А. Куликовской)

Как муравьишка побежал по дорожке

1 Понимаете ли вы слова: муравейник, муравей, щепка, хвоинка, трава , травинка, дорожка?

2 Прочитайте текст.

На краю леса стоял муравейник. В нём, конечно, жили муравьи. Они с утра до вечера строили свой дом.

Даже самый младший Муравьишка решил помогать старшим братьям. Он выбежал из муравейника и посмотрел вокруг, чтобы найти палочку или щепку.

Но ничего вокруг не было ни щепки, ни травинки. «**Побегу** в дальний лес, поищу там хвоинку», -подумал Муравьишка. И **побежал по** дорожке.

3 Ответьте на вопросы.

   1) Что придумал Муравьишка, чтоб помочь старшим братьям?

   2) Куда побежал Муравьишка?

4 Назовите глаголы движения по образцу (*in Past tense*):

Я бегал - Я бежал   Я ходил - Я .....   Я носил – Я нёс

Я ездил - Я ехал   Я плавал - Я .....   Я возил – Я ....

Я летал - Я .....   Я водил – Я ....

5 Назовите глаголы движения с приставками **–по** (*in Past tense*):

   бежал- побежал, шёл - ……. , летел- ……., нёс-……..,
ехал- …….,   плыл- ….. ,   вёз-………, вёл- ….

6 Выучите скороговорку. (Learn by heart)

Мура- Мура- Муравей, По траве беги скорей,

По траве, по травушке, Мураве- муравушке.

Как муравьишка перебежал через ручей

1 Понимаете ли вы слова: ручей, журчать, течь, песня, окунуть, ножка, мёрзнуть?

2 Прочитайте текст.

Бежит-бежит Муравьишка, видит: через дорожку протекает ручей. Течёт ручей, журчит тихонько. Постоял Муравьишка. Послушал песню ручья. Окунул ножку в воду- вода холодная. Как быть? Что делать? Холодно, а бежать надо. «**Перебегу** быстро **через** ручей и тогда не замёрзну», - решил он. И **перебежал** Муравьишка **через** ручей.

3 Ответьте на вопросы.

1) Что увидел Муравьишка? 2) Через что перебежал Муравьишка?

4 Назовите глаголы движения по образцу(*in Past tense*):

Я бегал - **пере**бегал   Я шёл - ...   Я плыл- ....   Я нёс- ..
Я ехал-...   Я летел- ...   Я вёз- ...   Я вёл- ...

5 Выучите скороговорку.

Через быстрый ручеёк перебрался старичок.

пере**би**раться- *across/ get over*   старик- *old man*

Как муравьишка вбежал в норку

1 Понимаете ли вы слова: норка, охать, остановить(ся), случиться, заглянуть, спешить?   перевести дух- recover one's breath

2 Прочитайте текст.

Спешит Муравьишка, бежит по дорожке. Остановился дух перевести. Слышит: кто-то охает недалеко: «Ох-ох-ох!» Увидел мышиную норку, **заглянул** в неё. А из норы опять слышно: «Ох-ох-ох!»

«Что случилось с Мышкой? Надо ей помочь. **Вбегу в** норку, узнаю, в чём дело», - подумал Муравьишка И **вбежал в** норку.

3 Ответьте на вопросы.

   1) Что услышал Муравьишка? 2) Куда вбежал Муравьишка?

4 Назовите глаголы движения по образцу (*in Past tense*):

| бежал- **в**бежал | шёл - ... | плыл- .... | нёс- ... |
| ехал- ... | летел- ... | вёз- ... | вёл- ... |

5 Отгадай загадку. Guess the riddle.

   Тут не яма, не дыра
   А мышиная н - - -.

6 Выучите скороговорку. Learn by heart. Stress indication is given by _

   Мы́шка в но́рке пря́чет ко́рки. Ро́вно со́рок в но́рке ко́рок.

7 Напишите слово **корка** (*crust of bread*) в нужной форме.
одна _____, две_____, три _____, четыре_____,
пять _____, десять _____, тридцать одна _____ .

Answer key to Q4&5: вошёл, вплыл, внёс, въехал, влетел, ввёз, ввёл, нора

Как муравьишка выбежал из норки

1 Понимаете ли вы слова: лавочка, лапка, песчинка, тереть, рыть, пригласить, торопить(ся), спешить, благодарить?

2 Прочитайте текст.

А в норке Мышка сидит на лавочке и глазки лапками трёт. «Что с тобой случилось?» - спросил Муравьишка. Мышка отвечает: «Рыла я норку, а песчинка в глаз попала. **Вытащи** её, пожалуйста». Вытащил Муравьишка песчинку. Мышка поблагодарила его и пригласила к столу чай **пить**. «Спасибо, Мышка. Только я очень тороплюсь. **Выбегу из** норки и поспешу к дальнему лесу» - сказал Муравьишка. И **выбежал из** норки.

3 Ответьте на вопросы.

1) Как Муравьишка помог Мышке? 2) Откуда выбежал Муравьишка? 3) Что он сделал?

4 Назовите глаголы движения по образцу *(in Past Tense)*:

| бежал- **вы**бежал | шёл - ... | плыл- .... | нёс-.... |
| ехал-... | летел- ... | вёз- .... | вёл-.... |

5 Отгадай загадку.

На охоте кот-плутишка,

Поселилась в доме м - - - - .

6 Выучите скороговорку. Stress indication is given by _

В шалаше шуршали мышки, Шелушили мышки шишки. *(cones)* **Answer key to Q5:** мышка

Как муравьишка убежал от медведя

1 Понимаете ли вы слова: медведь, голодный [hungry], еда, есть, бродить [to wander abt], найти, нести? навстречу- *and suddenly he met [ran into] a bear*

2 Прочитайте текст.

Бежит Муравьишка, а навстречу ему Медведь голодный. Целый день бродил Медведь по лесу, а еду себе не нашёл. «Муравей, я тебя съем!» - сказал Медведь.

А Муравьишка отвечает: «Нет, Миша, нельзя меня есть. Я бегу в дальний лес. Хочу хвоинку принести в муравейник. **Убегу я от тебя**». И **убежал от** Медведя.

3 Ответьте на вопросы.

1) Кого встретил Муравьишка?

2) От кого убежал Муравьишка?

4 Назовите глаголы движения по образцу *(in Past Tense)*:

| бежал- **у**бежал | шёл - ... | плыл- .... | нёс-.... |

| ехал-... | летел- ... | вёз- .... | вёл-.... |

5 Закончите предложения. Используйте слова в скобках.

Он **убежал от** ....(лиса). Он **ушёл от** ....(волк). Он **уплыл от** ....(крокодил). Она ....(ехать) от меня. Он ....(лететь) от неё. Медведь **унёс** шишку **из** ....(лес).

6 Выучите скороговорку. Stress indication is given by _

В лук**о**шке у м**и**шки, Шерш**а**вые ш**и**шки.

7 Как вы понимаете: «Муравей еле-еле **унёс** свои **ноги** от медведя.» Find the word below that describes this phrase:

ушёл,   уехал,   уплыл,   увёз,   улетел,   убежал.

Как муравьишка забежал на горку

1 Понимаете ли вы слова: горка, устать, отдыхать, испугать(ся), искать, крутой, поднимать(ся)? сидеть *impf. Verb- sitting down* - сесть *p.verb-sat down*

2 Прочитайте текст.

Устал Муравьишка. Сел на дорожку и отдыхает. Смотрит, а дорожка идёт в горку. Горка **крутая**. Муравьишка маленький, а горка большая. Тяжело будет подниматься в горку.

Муравьишка не **испугался** и побежал. «Надо скорее искать хвоинку. **Забегу на** горку», - решил Муравьишка. И **забежал на** горку.

3 Ответьте на вопросы.

1) Что увидел Муравьишка? 2) Какая горка? 3) Куда забежал Муравьишка?

4 Назовите глаголы движения по образцу *(in Past Tense)*:

бежал- забежал, шёл - ...., плыл- .... , летел- ...., ехал-............, нёс-............, вёз- ...., вёл-............

5 сесть – *p. infinitive;* с<u>е</u>л, с<u>е</u>ла, с<u>е</u>ло, с<u>е</u>ли – *Past Tense*

6 Закончите предложения. Finish the sentences.

Он **забежал на** ....(гора). Муравей **забежал на** ....(рука). Муравей **забежал на** ....(стол). Муха ....(лететь) в окно. Пароход ......(плыть) на пристань. Друг зашёл ко мне и ....(нести) книгу.

7 Выучите скороговорку. Stress indication is given by _

Тяже<u>ло</u> беж<u>а</u>ть Ег<u>о</u>ру, Быстро он несётся в г<u>о</u>--.

8 Как вы понимаете фразу: «Муравей **зашёл на чашку чая** к Мышке.» Find the word below that describes this phrase:

посмотреть, помочь, пить чай, поговорить

Как муравьишка подбежал к сосне

1 Понимаете ли вы слова: сосна, крона, приглашать, гости, высокий, стройный, качать? сосновая иголочка- *pine needle*, ах- *ah* ахать- *v.* exclaim, gasp

2 Прочитайте текст.

Впереди был сосновый лес. Стройные сосны поднимали свои зелёные кроны высоко к небу. Они качали своими зелёными кронами, словно приглашали в гости.

«Ах, какие высокие сосны! - ахнул Муравьишка. – Как много под соснами иголочек! **Подбегу к** самой красивой сосне!» И **подбежал к** самой нарядной сосне.

3 Ответьте на вопросы.

1) Почему ахнул Муравьишка? 2) К чему подбежал Муравьишка?

4 Назовите глаголы движения по образцу:

бежал- **подбежал**   шёл - ...   плыл- ....   нёс-....

ехал-...   летел- ...   вёз- ....   вёл-....

5 Закончите предложения.

Он **подбежал к** ....(гора). Муравей **подбежал к** ....(река). Муравей **подбежал к** ....(стол). Жук **подлетел к** ....(окно). Пароход **подплыл к** пристан_ . Марк **подошёл** ко мне и **поднёс** тяжёлый чемодан.

6 Выучите скороговорку. Stress indication is given by _

Величава и стройна , Вся в иголочках с - - - - .

7 Как вы понимаете фразу: «Сосны ростом до небес.» Find the word below that describes this phrase:

стройные сосны,   красивые сосны,   высокие сосны

Answer key to Q6: сосна

Как муравьишка добежал до дома

1 Понимаете ли вы слова: выбирать, спина, взвалить, солнышко, возвращать(ся), уронить, родной? перебирать ножками — *move its feet up and down,* перебирая – *Russian Gerund*

2 Прочитайте текст.

Муравьишка выбрал самую большую хвоинку. Взвалил её на спину и посмотрел на солнышко. Солнце уже заходило за горизонт.

Надо скорее возвращаться домой. Быстро бежал Муравьишка, перебирая маленькими ножками. Но хвоинку свою не уронил. «**Добегу до** муравейника пока солнце не село», подумал Муравьишка. И **добежал до** родного дома.

3 Ответьте на вопросы.

1) Почему Муравьишке надо было возвращаться домой?

2) **До** чего **до**бежал Муравьишка?

4 Назовите глаголы движения по образцу *(in Past Tense)*:

| бежал- добежал | шёл - ... | плыл- .... | нёс-.... |
| ехал-... | летел- ... | вёз- .... | вёл-.... |

5 Закончите предложения.

Он **добежал до** ....(гора). Муравей **добежал до** ....(река). Муравей **добежал до** ....(стол). Жук **долетел до** ....(окно). Пароход **доплыл до** пристан__ . Марк **дошёл до** меня и **донёс** тяжёлый чемодан. Она **донесл__** ребёнка **до** дивана.

6 Выучите скороговорку. Stress indication is given by _

Во́зле ёлки вы́рос холм , Муравьи́шки стро́ят д- - .

Answer key to Q6: дом

Как муравьишка прибежал вовремя

1 Понимаете ли вы слова: встречать, чудесный, помощь, вовремя, закатить(ся), дружно, нора, строить?

2 Прочитайте текст.

В муравейнике его втретили старшие братья- муравьи. «Где ты нашёл эту чудесную хвоинку?» - спросили они Муравьишку.

«В дальном лесу. Я побежал по дорожке, перебежал через ручей, вбежал в мышкину нору, выбежал из неё, убежал от медведя, забежал на горку, подбежал к сосне, взял хвоинку и добежал с ней до муравейника».

«Спасибо, Муравьишка, за помощь. Ты **прибежал** вовремя, **солнышко** ещё не **закатилось** за горизонт» - дружно ответили муравьи.

3 Ответьте на вопросы.

1) Что рассказал Муравьишка старшим братьям? 2) Почему Муравьишка прибежал вовремя?

4 Назовите глаголы движения по образцу *(in Past Tense)*:

| бежал- **при**бежал | шёл - ... | плыл- .... | нёс-.... |

| ехал-... | летел- ... | вёз- .... | вёл-.... |

5 Закончите предложения.

Он **при**бежал к ....(гора). Муравей **при**бежал к ....(река). Муравей **при**бежал к ....(стол). Жук **при**летел к ....(окно). Пароход **при**плыл к пристан_ . Марк **при**- - - ко мне и **при**- - - тяжёлый чемодан.

6 Выучите скороговорку. Stress indication is given by _

Муравьи́ не стро́ят но́ры , Стро́ят до́мики, как го́ры .

7 Вставьте нужный предлог: **от, из, до, к, на, с, в, через, по**
(Insert appropriate prepositions and put the word in the brackets in the correct case)

Муравей **по**бежал .... (дорога). Муравей **по**бежал ....(лес). Муравей **пере**бежал ....(река). Муравей **в**бежал ....(нора). Муравей **вы**бежал ....(нора). Муравей **до**бежал ....(лес). Муравей **у**бежал .... (медведь). Муравей **за**бежал............(гора). Муравей **с**бежал...........(гора). Муравей **под**бежал ....(сосна). Муравей **от**бежал ....(сосна). Муравей **до**бежал ....(дом).

Словарь	как муравьишка помогал старшим	
благодарить		*v.* to thank
бродить *imp.*		*v.* wander around
величавый		*adj.* majestic
взвалить	*imp.* взваливать	*v.* lift on to, *imp.* hoist
вовремя		*adv.* in time
возвращать(ся)	*p.* вернуть(ся)	*v.* return back
встречать	*p.* встретить	*v.* meet
выбирать	*p.* выбрать	*v.* choose
выглянуть	*imp.* выглядывать	*v.* look out
высокий		*adj.* high
вытащить	*imp.* тащить	*v.* drag something out
голодный		*adv.* hungry
гора	*d.* горка	*f.* hill
гость	*pl.* гости	*m.* visitor, guest

дорога	*d.* дорожка	*f.* road, path
дружно		*adv.* in a friendly manner
дыра *d.* дырка, *d.* дырочка		*f.* hole
еда		*f.* food
есть		*v.* eat
журчать *imp.*	*p.* зажурчать	*v.* babble
заглянуть *imp.* заглядывать		*v.* peep in, look in
закатывать(ся) *p.* закатить(ся)		*v.* sunset
игла *d.* иголочка сосновая		*f.* pine needle
искать	*p.* поискать	*v.* look for
испугать(ся) *imp.* пугать(ся)		*v.* be frightened by
качать *imp.*		*v.* shake
край		*m.* edge
крона		*f.* top, crown
крутой		*adj.* steep
лавка	*d.* лавочка	*f.* bench
лапа	*d.* лапка	*f.* paw, foot
лес		*m.* wood
лукошко		*n.* basket
медведь	*pl.* медведи	*m.* bear
мёрзнуть	*p.* замёрзнуть	*v.* feel cold

муравей	*d.* муравьишка		*m.* ant
муравейник			*m.* anthill
навстречу			*adv.* coming towards
найти	*imp.* находи<u>ть</u> (-л/-ла)		*v.* find *past.* нашёл/-ла/-ли
нарядный			*adj.* chic, spruce
недалеко	неподалёку		*adv.* not far
нести	*p.* принести		*v.* carry
нога	*d.* ножка		*f.* leg, limb
нора	*d.* норка		*f.* burrow
окунать	*p.* окунуть		*v.* dip into
остановить(ся) *p.*			*v.* stop
отдыхать	*imp.* отдохнуть		*v.* have a rest
охать *imp.*			*v.* sigh, moan
охота			*f.* hunt for
палка	*d.* палочка		*f.* wooden stick
перебирать лапками			*v.* move its feet up and down
перевести дух			*v.* recover one's breath
песня	*d.* песенка	*pl.* песни	*f.* song
песчинка			*f.* grain of sand, grit
плут	*d.* плутишка кот		*m.* little rogue, scamp-cat
поднимать(ся)	*p* поднять(ся)		*v.* rise, come up
помочь	*imp.* помогать		*v.* help

помощь		*f.* help, relief
поселиться *imp.* селиться		*v.* settle down
приглашать *p.* пригласить		*v.* invite
решать *p.* решить		*v.* to decide, make up one's mind
родной		*adj.* birthplace
рост		*m.* height
ручей *d.* ручеёк *pl.* ручьи		*m.* stream
рыть *imp.*		*v.* dig, burrow
сидеть *p.* сесть		*v.* sit down
словно		*conj.* as if
случиться *imp.* случаться		*v.* happen
солнце *d.* солнышко		*n.* sun
сосна *d.* сосенка		*f.* pine
спешить *p.* поспешить		*v.* hurry
спина		*f.* back
старик *d.* старичок		*m.* old man
строить *p.* построить		*v.* build
стройный		*adj.* slender
тереть *imp.*		*v.* rub
течь *imp.*		*v.* flow
тихо *d.* тихонько		*adv.* quiet
только		*adv.* only

торопить(ся) *imp.*		*v.* hurry
трава	*d.* травинка	*f.* grass, blade of grass
тяжело		*adv.* heavily
уронить	*imp.* ронять	*v.* drop
устать	*imp.* уставать	*v.* tied
хвоя	*single d.* хвоинка	*f.* conifer needles
холодный		*adj.* cold
чемодан		*m.* suitcase
чудесный		*adj.* wonderful
шалаш		*f.* shelter (of branches)
шелушить *imp.*		*v.* hull, shell
шершавый		*adj.* rough
шишка	*d.* шишечка	*f.* cone
шуршать *imp.*		*v.* rustle
щепка	*d.* щепочка	*f.* chip
яма	*d.* ямка	*f.* pit

Answer key to Q7: по дороге, по лесу/в лес, через реку, в нору, из норы, до леса, от медведя, на гору, с горы, к сосне, от сосны, до дома

ДВЕ ГОЛУБКИ

Сказка КАК ГОЛУБКА НАУЧИЛА СВОЮ СЕСТРУ ДОБРОТЕ

REFLEXIVE VERBS, ADVERBS, ADJECTIVES

1 Понимаете ли вы слова: ГОЛУБЬ, КРЫЛЬЯ, ВЕРНОСТЬ, КРОВЬ, РАНА, СЛЕЗИНКА, КАПЕЛЬКА, СЕРДЕЧКО?

2 Соедините слова прилагатеьные с противоположным значением. Find the words with opposite meaning.

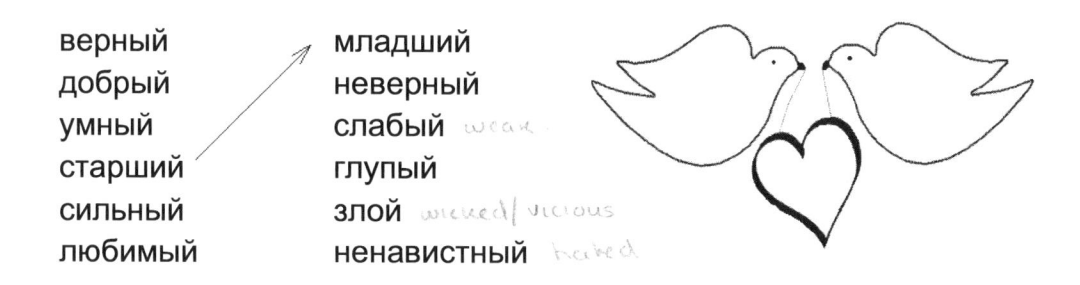

верный   младший
добрый   неверный
умный   слабый
старший   глупый
сильный   злой
любимый   ненавистный

3 Прочитайте текст.

ВЕРНОСТЬ

Жила-была семья голубей. В этой семье были две голубки. **Младшую** сестру звали Молей, а **старшую** – Винагой.

Однажды мама голубка сказала: "Я должна **нарвать** винограда вам на обед", - и улетела.

Винага сказала Моле **хвастливо**:
- Знаешь, Моля. Моя подружка **позвала** меня сегодня на день рождение, а тебя не **позвала**.

Моля очень **огорчилась**. Через некоторое время начался сильный ветер. Винага **раскрыла** крылья и **закружилась** на ветру. Моля **испугалась** за сестру и крикнула:
- Это **опасно**, Винага. Ветер может **унести** тебя далеко от дома!

- Не бойся, Моля. Ты еще очень маленькая и **глупая**, а я – большая и **сильная**. И ветер мне ничего не сделает", - ответила Винага сестре и **у**летела.

Моля увидела, что ветер **становится** все сильн**ее**. Тогда она раскрыла крылышки и полетела за сестрой. Лететь было **тяжело**, но она очень **старалась**, потому что ей хотелось **помочь** сестре. Ветер стал еще сильнее. Моля увидела, что Винага сильно **ударилась** об одно дерево и **упала** вниз с **высоты**. Моля полетела к сестре. Винага **неподвижно** лежала на траве и из ее бока текла кровь.

Моля села возле сестры и стала плакать. Винага **открыла** глаза и сказала: "Любимая моя Моля, как хорошо, что ты ко мне **при**летела!" Потом Винага **снова закрыла** глаза. Моле **показалось**, что ее сестра умерла. Но это было не так. Слезинка Моли **попала** в капельку крови Винаги, и в этом месте **появилось** маленькое **сердечко**. Сердечко сказало человеческим голосом: "Добрая Моля, положи меня на рану Винаги. И все у нее **заживет**." Моля сделала, как сказало ей волшебное сердечко. Только она положила сердечко на рану Винаги, как рана ее **зажила**.

С тех пор Винага не **дразнила** больше свою сестру и всегда была к ней очень доброй.

Задания к сказке.

4 Match Adverb and verb. Соедините слова (наречие с глаголом):

неподвижно   сказать

тяжело   лежать

хвастливо   лететь

5 Вопросы к сказке:

1) Как вы думаете, почему из слезинки и капельки крови двух голубок выросло волшебное сердечко?

2) Как бы вы на месте Моли помогли своей сестре?

3) Какого человека можно назвать верным другом? Перечислите качества этого человека.

6 Каких животных и птиц, какие деревья, цветы и растения можно назвать верными друзьями человека, и почему?

> собака, яблоня, тигр, мышь, роза, лаванда, лошадь, бамбук, лотос, сова, эвкалипт, крокодил, пшеница, рожь, кошка, хорёк, сосна, курица, слон, цапля, корова, орёл, кактус, утка, листья табака, лев

7 Put the above words in the four categories below:

животные	птицы	деревья	цветы и растения

Answer key to Q4: неподвижно лежать, хвастливо сказать, тяжело лететь

Словарь   ДВЕ ГОЛУБКИ

бок   *pl.* бока   *m.* side of the body

верность   *f.* faithfulness

высота   *f.* height

глупый		*adj.*	silly
голос	*d.* голосок	*m.*	voice
голубь *d.* голубка *pl.* голуби		*m.* pigeon, *f.* dove	
дерево *d.* деревце *pl.* деревья		*n.*	tree
добрый		*adj.*	kind
дразнить		*v.*	to tease
животное	*pl.* животные	*n.*	animal
зажить	*imp.* заживать	*v.*	to heal
злой		*adj.*	angry
капля *d.* капелька *pl.* капли		*f.*	drop
крикнуть	*imp.* кричать	*v.*	shout
кровь		*f.*	blood
кружить(ся)		*v.*	to spin
крыло *d.* крылышки *pl.* крылья		*n.*	wing
нарвать	*imp.* рвать	*v.*	pick
неподвижно		*adv.*	motionlessly
ничего	*in N/case.* ничто	*pron. in A/case.* nothing	
огорчить(ся)		*v.*	to be upset
опасно		*adv.*	dangerously
плакать	*p.* заплакать	*v.*	cry

позвать	*imp.* звать	*v.*	to invite, ask to come, call
показать(ся)		*v.*	to imagine
положить	*imp.* ложить	*v.*	put down
попасть	*imp.* пополать	*v.*	to drop in
появиться		*v.*	to appear
птица *d.* птичка *pl.* птицы		*f.*	bird
рана *d.* ранка *pl.* раны		*f.*	wound
раскрыть	*imp.* раскрывать	*v.*	to open, expose
растение	*pl.* растения	*n.*	plant
с тех пор	*f.* порá	*adv.* from that time,	*f.* it's time
сердце *d.* сердечко *pl.* сердца		*n.*	heart
сильный		*adj.*	strong, fierce
слеза *d.* слезинка *pl.* слёзы		*f.*	tear
становиться		*v.*	become
стараться	*p.* постараться	*v.*	try
удариться	*imp.* ударяться	*v.*	hit
умереть	*imp.* умирать	*v.*	to die, pass away
умный		*adj.*	clever
хвастливо		*adv.*	boastfully
человеческий		*adj.*	human

О МУРАВЬЯХ

VERBS OF MOTION, CASES (ПО Л.Н. ТОЛСТОМУ)

1 Понимаете ли вы слова: **кладовая, варенье, банка, верёвочка, чистить, подвесить, ставить?**

2 Прочитайте текст.

Один раз я **пришла** в кладовую достать варенья. Я **взяла** банку с нижней полки и **увидала**, что вся банка полна муравьями. Муравьи ползали и в средине, и сверху банки, и в самом варенье. Я **вынула** всех муравьёв ложечкой, **вымыла** кругом банки и **поставила** банку на верхнюю полку.

На другой день, когда я **пришла в** кладовую, я увидала, что муравьи с полу **приползли на** верхнюю полку и опять **заползли в** варенье. Я взяла банку, опять **очистила, обвязала** верёвкой и **подвесила** на гвоздик к потолку. Когда я **уходила из** кладовой, я посмотрела ещё раз на банку и увидала, что на ней **остался** один муравей, он быстро бегал кругом по банке.

Я остановилась посмотреть, что он будет делать. Муравей **побегал** по стеклу, потом **побежал по** верёвке, которой была обвязана банка, потом **вбежал** на верёвочку, которой была привязана банка. **Вбежал на** потолок, с потолка **побежал по** стене вниз и на пол, где было много муравьёв.

Наверно, муравей этот рассказал другим, по какой дороге он **пришёл из** банки, потому что сейчас же много муравьёв **пошли** друг за другом по стене на потолок и по верёвочке в банку, по той же самой дороге, по которой пришёл муравей.

Я **унесла** банку и **поставила** её в другое место.

3 Повторите глаголы движения. *Movement in different directions* ↔; *Movment in one direction* →;   ↔   →   ↔   →   ↔   →
(ходить-идти, ползать-ползти, бегать-бежать)

4 Напишите слова с предлогами следите за правельным окончанием слов. *Write down these words* (банка, варенье, верёвка, потолок, стекло, стена, пол, полка) *with appropriate prepositions* (по, сверху, к, в, на, из, с, за,). *Pay attention to the endings.*   по <u>банк**е**</u>,   по <u>варень**ю**</u> ,

по _____ , по _____ , по _____ , по _____ ,

по _____ , по _____ , сверху _____ , сверху _____ ,

сверху _____ , в _____ , на _____ , на _____ ,

на _____ , на _____ , на _____ , на _____ ,

на _____ , на _____ ,

к _____ , к _____ , к _____ , к _____ ,

к _____ , к _____ , к _____ , к _____ ,

с _____ , с _____ , с _____ , с _____ ,

с _____ , с _____ , с _____ , с _____ ,

из _____ , из _____ , за _____ за _____ ,

за _____ , за _____ , за _____ ,

5 Составьте фразы со словами: стена, полка, стекло, кладовая, варенье, потолок, верёвка

пришла в .... побежал по ....
приползли на .... вбежал на ....
побегал по .... уходила из ....

6 Допишите предложения :

Я .... банку с .... полки. Я .... всех муравьёв из банки. На банке .... один муравей, он быстро .... кругом банки. Я .... посмотреть, что он............ . Муравьи .... друг за другом.

7   Ответьте на вопросы.
   а) Куда она пришла? б) Что она увидела там? в) Куда она поставила банку? г) Что она увидела на другой день?

8   Поставьте вопросы к **выделенным** словам: (*Instead of the highlighted word use a question-word to form a question.*) *Example*: **Я** взял банку. = **Кто взял банку?**

1) *Я* пришла в кладовую достать *варенья*.
2) Муравьи с *полу* приползли *на верхнюю полку*.
3) *Муравей* побегал *по стеклу*, потом побежал по верёвке.
4) Я унесла *банку* и поставила её в *другое место*.

Answer key to Q4: по банке, по варенью, по верёвке, по стеклу, по стене, по полу, по полке, сверху банки, сверху варенья, сверху стекла, в банке, на банке, на варенье, на верёвке, на потолке, на стекле, на стене, на полу, на полке, к банке, к варенью, к верёвке, к потолку, к стеклу, к стене, к полу, к полке, с банки, с варенья, с верёвки, со стекла, с потолка, со стены, с пола, с полки, из банки, из варенья, за банкой, за вареньем, за стеклом, за полкой

Answer key to Q8: 1) **Кто** пришла в кладовую достать варенья? **Что** я пришла в кладовую достать? 2) **Откуда** муравьи приползли на верхнюю полку? **Куда** приползли муравьи с полу? 3) **Кто** побегал по стеклу, потом побежал по верёвке? **По чему** побегал муравей? 4) **Что** я унесла и поставила в другое место? **Куда** я унесла банку и поставила её?

Словарь   **О МУРАВЬЯХ**

банка	*pl.* банки	*f.* jar
быстро		*adv.* quickly, fast
варенье		*n.* jam
верёвка		*f.* robe
верхний		*adj.* upper
взять	*imp.* брать	*v.* take
вымыть	*imp.* мыть	*v.* wash

вынуть *imp.* вынимать	*v.* take out
гвоздь *d.* гвоздик *pl.* гвозди	*m.* nail
достать *imp.* доставать	*v.* get, reach to
другой	*adj.* another
кладовая	*f.* storeroom
кругом	*adv.* around
ложка *d.* ложечка *pl.* ложки	*f.* spoon
место	*n.* place
нижний	*adv.* low
обвязать *imp* обвязывать	*v.* tie around
опять	*adv.* again
остаться *imp* оставаться	*v.* stay
полный	*adj.* full
подвесить *imp* подвешивать	*v.* hang up
полка	*f.* shelf
полно́	*short adj.* full, brimful
поставить *imp.* ставить	*v.* put down
потолок	*m.* ceiling
приползти *imp.* ползти	*v.* crawl up
сверху	*adv.* on top
стекло *pl.* стёкла	*m.* glass
чистить *p.* почистить	*v.* clean

ВСЁ В ТВОИХ РУКАХ

Imperfective Verbal Adverb or (Russian Gerund)

1 Понимаете ли вы слова: **бабочка, ладóни, мудрость**

В одном городе жил Мастер, окружённый учениками. Он был великий **мудрец.**

Однажды один из учеников задумался: «А есть ли вопрос, на который наш Мастер не смог бы дать ответа?»

Он пошёл на цветущий луг, **поймал** самую красивую бабочку и **спрятал** её между **ладонями**.

Держа её он подумал, если мастер ответит, что бабочка **мертвая**, я тут же **отпущу** её и он увидит, что ошибся, если он ответит, что бабочка **живая** я **сожму** руки и бабочка погибнет.

Подойдя к Мастеру ученик спросил:
— Скажите, какая бабочка у меня в руках: живая или мертвая?
Не **глядя** на руки ученика, Мастер ответил:
— Всё в твоих руках.

2 Find *imperfective Verbal Adverbs* in the text. (*suffixes:* -а *or* -я)

3 Insert the correct noun **бабочка, мастер, руки** from the story.

спрятать	_____	между ладонями
держа	_____	подумать
подойдя к	_____	спросить
сжимать	_____	между ладонями
глядя на	_____	ответить

4 Что значит фраза « Всё в твоих руках»? Find the word below that describes this phrase: хотеть, уметь, знать, достигать цели.

Словарь   Всё в твоих руках

великий   *adj.* great

вопрос   *m.* question

гибнуть   *p* погибнуть   *v.* lose one's life

глядеть   *p* поглядеть   *v.* look at

город   *m.* city

держать   *p.* подержать   *v.* hold

достигать цели   *v.* succeed

живой   *adj.* alive

ладонь   *pl.* ладони   *f.* palm

луг   *m.* meadow

мёртвый   *adj.* dead

мудрец   *f.* мудрость   *m.* wise man, wisdom

окруж**енн**ый   *ple.* Surrounded

ответ   *m.* answer

отпустить   *imp.* отпускать   *v.* release

поймать   *imp.* ловить   *v.* catch

сжать   *imp.* сжимать   *v.* compress

спросить   *imp.* спрашивать   *v.* ask

спрятать   *imp.* прятать   *v.* hide

ученик   *m.* pupil, apprentice

цвет**ущ**ий   *ple.* Blooming

БРАВЫЙ ЖЕНИХ или ПОЧЕМУ МЫШОНОК НЕ ЖЕНИЛСЯ

1 Понимаете ли вы слова: подарок, бравый, глазки, конфетка, кусо́чек, халва, дырка, кухня?

2 Прочитайте текст.

Милая мышка, выходите за меня **замуж**, - сказал однажды **бравый** мышонок серой мышке.

- Хорошо, - **потупила** глазки мышка, - но принесите мне в **подарок** что-нибудь сладкое.

Бравый жених **подкрутил** усы и **заявил**:
- Завтра я **схожу** на кухню и **принесу** для вас кусочек сахара. Он очень **сладкий**.

На следующий день мышонок **пробрался** через дырку в полу на кухню и **оказался** под шкафом, но **вылезти** из-под шкафа он **побоялся**.

Вечером мышонок пришел к серой мышке и сказал:
- Дорогая мышка, я решил принести вам не сахар, а кусочек конфетки. Сахар **просто** сладкий, а конфетка сладкая и душистая.

- Никогда не **пробовала** конфеток, - **вздохнула** мышка.

Мышонок снова **отправился** на кухню, но снова побоялся вылезти из-под шкафа.

Он **явился** в гости к мышке без подарка, но при этом **хвастливо** заявил:
- Я **передумал**, мышка, **угощать** вас сахаром или конфеткой. Я решил угостить вас **халвой**. Это самое прекрасное блюдо на свете: сладкое, сытное и масляное.

- Знаете, мышонок, я не хочу выходить за вас замуж, - вдруг **сухо** сказала мышка.

- Почему? – **удивился** мышонок.

- Потому что, во рту **сладко** не станет, если только говорить слово «халва»

3 Найди пару: (Match these words)

потупить	усы	сытное	конфета
сухо	конфетку	сладкий	халва
угощать	ответить	серая	жених
пробовать	глазки	бравый	мышка
крутить	кусочек	душистая	блюдо
принести	сахаром	масляная	сахар

4 Вставьте нужный предлог: за, из-под, на, из, под, через,
(Insert appropriate prepositions by referring to the text)

выходить ..... кухни, сходить ..... кухню, пробраться ...... дырку, вылезать ...... шкафа, отправиться ..... кухню, выходить замуж .... мышонка, оказаться ..... шкафом

5 Найдите синонимы к словам: (Find synonyms)

отправился	пришёл	потупить	есть
явился	сказал	пробовать	пролезть
заявил	пошёл	пробраться	опустить

6 Вопросы к рассказу:

1) Что попросила серая мышка принести?
2) Куда отправился «бравый» мышонок?
3) Почему серая мышка не захотела выходить замуж за мышонка? 4) Почему мышонок не женился?

7 Как вы понимаете фразу «Сколько не говори «халва» – во рту сладко не станет.» Найди эквивалент ей: не хотеть халву, съесть халву, пробовать халву, так и не попробовать халву.

8 Как вы понимаете фразу «сухо ответить». Придумайте эквивалент ей.

9 Поставьте вопросы к **выделенным** словам: (*Instead of the highlighted word use a question-word to form a question.*)

Example: **Мышонок** хотел жениться. = **Кто** хотел жениться?

1) Бравый жених подкрутил **усы**.
2) Мышка хотела в подарок **сладкое**.
3) **Завтра** я схожу на **кухню** и принесу кусочек сахара.
4) Мышонок оказался **под шкафом**.
5) Мышонок побоялся **вылезти** из под шкафа.
6) **Вечером** мышонок пришёл к **серой мышке**.
7) Мышонок **передумал** угощать **сахором мышку**.
8) Никогда не пробовала **конфеток**.
9) **Халва**- самое прекрасное блюдо на свете.
10) Мышка **холодно** сказала. Мышонок **хвастливо** заявил.
11) **Мышка** передумала выходить замуж **за мышонка**.

ПОЧЕМУ МЫШОНОК НЕ ЖЕНИЛСЯ

Словарь

бояться		*v.* be scared
бравый		*adj.* brave
вздохнуть	*imp.* вздыхать	*v.* sigh
вылезть	*imp.* вылазить	*v.* climb out
выходить замуж		*v.* be married (female)
душистый		*adj.* sweet scented, fragrant
дыра	*d.* дырка	*f.* hole
жениться	*p.* пожениться	*v.* be married (male)
конфета	*d.* конфетка	*f.* wrapped sweet
крутить	*p.* подкрутить	*v.* twirl
кусо́к	*d.* кусо́чек *pl.* куски	*m.* lump
масляный		*adj.* oily

милый	*adj.* dear
мышь *d.* мышка, *т. d..* мышо́нок	*f.* mouse
однажды	*adv.* once, one day
оказаться *imp.* оказываться	*v.* appear
отправиться *imp.* отправляться	*v.* set out, go
передумать *imp.* думать	*v.* change one's mind, think
подарок	*m.* gift
потупить глаза	*v.* feel shy, to lower one's eyes
про́сто	*adv.* Simply, just
пробираться *р.* пробраться	*v.* creep through, go through
пробовать *р.* попробовать	*v.* taste
свет на свете	*m.* the world, in the world
сладкий	*adj.* sweet
сухо	*adv.* Coldly
сытный	*adj.* substantial
угощать *р.* угостить	*v.* treat, give smg
удивиться *imp.* удивляться	*v.* be surprised
халва	*f.* halva (sweet of nuts, sugar and oil)
являться *р.* явиться	*v.* appear, come

ANSWER KEY TO Q4 : ИЗ, НА, ЧЕРЕЗ, ИЗ-ПОД, НА, ЗА, ПОД
ANSWER KEY TO Q7 : ТАК И НЕ ПОПРОБОВАТЬ ХАЛВУ
ANSWER KEY TO Q8 : ХОЛОДНО ОТВЕТИТЬ

МЫШОНОК И КАРАНДАШ

Reflexive Verbs, (по В.Г. Сутееву)
 imperfective Verbal Adverb or (Russian Gerund)

1 Понимаете ли вы слова: КАРАНДАШ, ЗУБЫ, НОРКА КРУЖОК, СЫР, ДЫРОЧКА?
2 Прочитайте текст.

Жил-был на столе у Вовы Карандаш.
Однажды, когда Вова спал, на стол **залез** Мышонок. Он увидел Карандаш, **схватил** его и **потащил** к себе в норку.

Отпусти меня, пожалуйста! — **взмолился** Карандаш. — Ну зачем я тебе нужен? Я **деревянный**, и меня нельзя есть.
— Я тебя буду **грызть**! — сказал Мышонок. — У меня **чешутся** зубы, и я всё время должен что-нибудь грызть. Вот так! — И Мышонок **больно укусил** Карандаш.

Ой, — сказал Карандаш. — Дай мне в **последний** раз что-нибудь нарисовать, а потом делай что хочешь.
— Хорошо, — **согласился** Мышонок, — рисуй! Но потом я тебя **из**грызу на мелкие кусочки.

Вздохнул тяжело Карандаш и нарисовал кружок.
— Это сыр? — спросил Мышонок.
— Может быть, и сыр, — сказал Карандаш и нарисовал ещё три маленьких кружочка.

Ну, конечно, сыр, а это дырочки в нём, — **догадался** Мышонок.
— Может быть, и дырочки, — согласился Карандаш и нарисовал ещё один большой кружок.

Это яблоко! — **закричал** Мышонок.
— Может быть, и яблоко, — сказал Карандаш и нарисовал несколько вот таких длинных кружочков.

Я знаю, это сардельки! – закричал, **облизыва**сь, Мышонок, — Ну, за**канчивай** скорее, у меня **ужасно** чешутся зубы.

Подожди минуточку, — сказал Карандаш.
И когда он начал рисовать вот эти **уголки**, Мышонок закричал:
— Это похоже на ко… Не рисуй больше!

А Карандаш уже нарисовал большие **усы**…
— Да это настоящая кошка! — **пискнул испуганный** Мышонок. — Спасите! — и **бросился** к себе в **норку**.

С той поры Мышонок оттуда носу не **показывал**. А Карандаш у Вовы до сих пор живёт, только он стал вот какой маленький.

И ты своим карандашом нарисуй такую кошку, на **страх** мышатам.

3 Соедините слова. Match the words.

деревянный   мышонок
настоящая   кружочки
большие   кошка
длинные   →   усы
испуганный   карандаш

4 Find *imperfective Verbal Adverbs* in the text. (*suffixes*: –а *or* -я) and *Participles*

5 Допишите предложения (Finish the sentences):

на столе у .... жил карандаш, он .... деревянный, мышонок увидел его и .... в ...., у меня .... зубы, мышонок больно .... карандаш, карандаш .... настоящую кошку.

6 Ответьте на вопросы:

1) Кто жил на столе у Вовы? 2) Почему мышонок хотел его сгрызть? 3) Что нарисовал карандаш? 4) Куда убежал мышонок и почему?

7 Перескажите рассказ по картинкам. (Use the pictures to retell the story.)

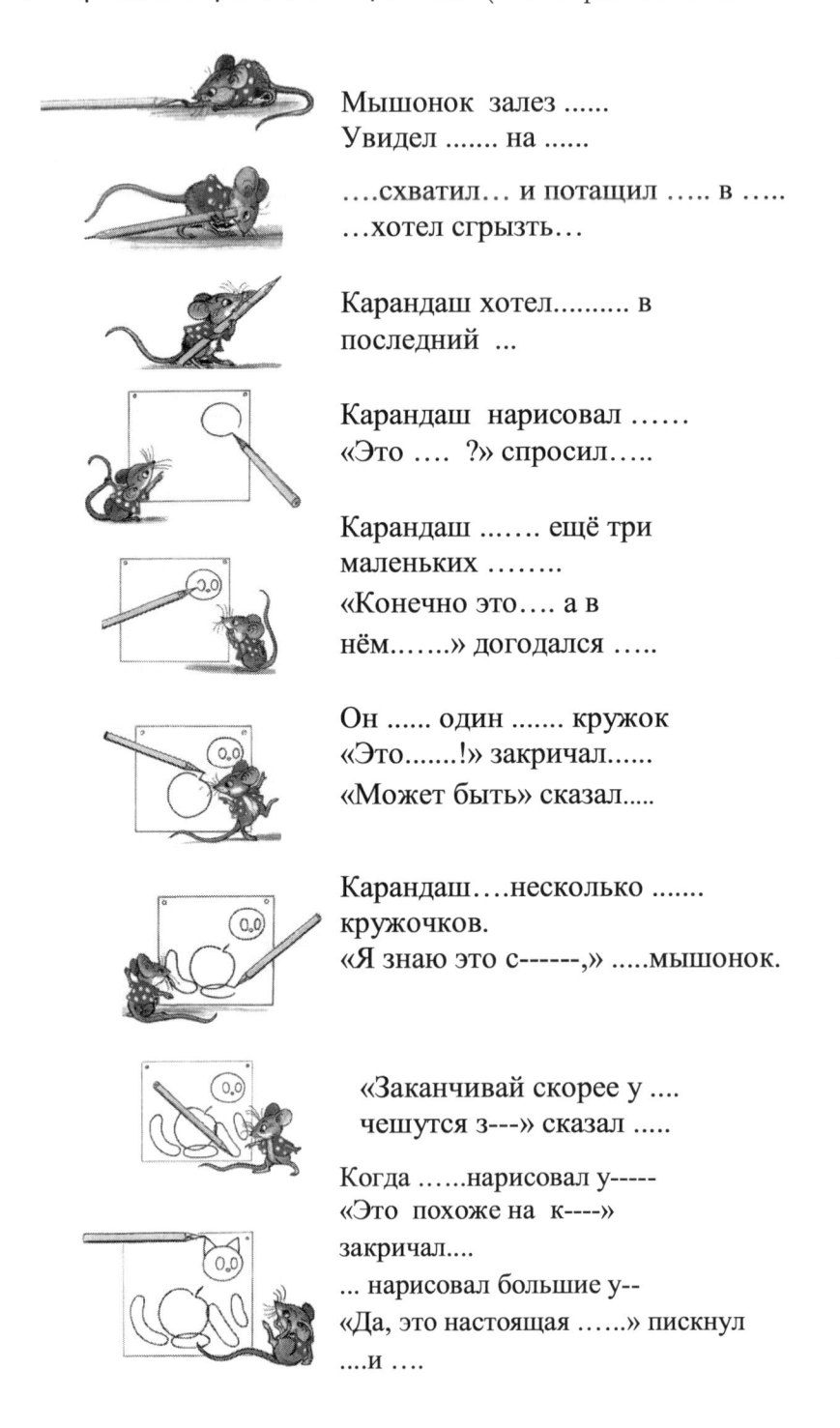

Мышонок залез ......
Увидел .... на ......

....схватил… и потащил ….. в …..
…хотел сгрызть…

Карандаш хотел.......... в последний ...

Карандаш нарисовал ……
«Это …. ?» спросил…..

Карандаш ..…. ещё три маленьких ……..
«Конечно это…. а в нём…….» догадался …..

Он ...... один .... кружок
«Это........!» закричал......
«Может быть» сказал.....

Карандаш….несколько .... кружочков.
«Я знаю это с------,» .....мышонок.

«Заканчивай скорее у .... чешутся з---» сказал .....

Когда ......нарисовал у-----
«Это похоже на к----» закричал....

... нарисовал большие у--
«Да, это настоящая ……» пискнул
....и ….

32

8 Соедините слова.

карандаш	сыр
бросился	укусить
больно	рисует
грызть	бежать

9 Найдите синонимы:

закончить	есть
грызть	громко говорить
мелкие	сделать
закричать	маленькие

9 Напишите слова в нужную колонку. Put the four correct words in each column : норка, угол, голодный, сыр, грызть, укусить, сарделька, кружок, рисовать, облизываться, деревянный, зубы

карандаш	мышь	яблоко
....	....	....
....	....	....
....	....	....
....	....	....

МЫШОНОК и КАРАНДАШ

Словарь

больно		*adv.* painfully
броситься	*p.* бросаться	*v.* to take to one's heels, rush away
взмолиться	*imp.* молиться	*v.* to beg
грызть	*p.* сгрызть	*v.* to gnaw
деревянный		*adj.* wood
догадаться	*imp.* догадываться	*v.* to suppose
заканчивать	*p.* за**кончить**	*v.* complete, end, finish
залезть	*imp.* лезть	*v.* to climb onto

кричать	*p.* закричать	*v.* to scream
круг	*d.* кружо́к *pl.* кружо́чки	*m.* circle
мыши	*d.* мышата	*pl.* mice
облизывать(ся)	*p.* облизаться	*v.* to lick one's lips
пискнуть	*imp.* пищать	*v.* to give a squeak
подождать	*imp.* ждать	*v.* to wait
показывать	*p.* показать	*v.* to show, display
сарделька		*f.* small sausage
согласиться	*imp.* соглашаться	*v.* to agree
спасать	*p.* спасти	*v.* to rescue
страх		*m.* fear
схватить	*imp.* хватать	*v.* to grab
тащить	*p.* утащить	*v.* to pull
угол	*d.* уголок *pl.* углы, уголки	*m.* corner
ужасно		*adv.* Terribly
укусить	*imp.* кусать	*v.* to bite
чесаться	*imp.* почесаться	*v.* to itch

Answer key to Q4: *Verbal Adverb*-облизывая(сь) *Participle*- испуганный

Answer key to Q9: 1 деревянный, рисовать, угол, кружок; 2 норка, голодный, грызть, укусить; 3 зубы, сыр, сарделька, облизываться

ЗЕРКАЛО

REFLEXIVE VERBS, RUSSIAN GERUND

1 Понимаете ли вы слова: зеркало, хобот, горб, обида, красавец, воробушек, дразнить?   2 Прочитайте текст.

Жил-был один Носорог. Он имел **привычку** над всеми **издеваться**.

Горбун! Горбун! – **дразнил** он Верблюда.

Это я горбун? - **возмущался** Верблюд. - Да будь у меня на спине три горба, я был бы еще красивей!

Эй, толстокожий! - кричал Носорог Слону. - Где у тебя нос, а где хвост? Что-то я не **пойму**!

И чего это он ко мне **пристает**? - **удивлялся** добродушный Слон. — Хоботом своим я **доволен**, и он вовсе не похож на хвост!

Дяденька, достань воробушка! — **смеялся** Носорог над Жирафом.

Сам-то больно хорош! – откуда-то сверху отвечал Жираф.

Однажды Верблюд, Слон и Жираф **достали** зеркало и пошли **искать** Носорога.
А он как раз к Страусу **приставал**:

- Эй ты, недощипанный! Голоногий! Летать не умеешь, а птицей называешься!

От **обиды** бедный Страус даже **голову** под крыло **спрятал**.

Послушай, друг! - сказал Верблюд, подойдя поближе. – Неужели ты сам себя красавцем **считаешь**?

Конечно! – ответил Носорог. – Кто же в этом **сомневается**?

Ну тогда посмотри на себя! – сказал Слон и **протянул** Носорогу зеркало.

Посмотрел Носорог в зеркало и **захохотал**:

Ха-ха-ха! Хо-хо-хо! Что это еще за уродина на меня смотрит? Что у него на носу? Хо-хо-хо! Ха-ха-ха!

И пока он смеялся, **глядя** на себя в зеркало, Слон, Жираф, Верблюд и Страус поняли, что Носорог просто **глуп**, как пробка. И они **перестали обижаться**.

3 Найди пару. (Match the words by referring to the text)

протянул	под крыло	добродушный	носорог
перестали	привычку	длинно**ногий**	воробушек
спрятался	на себя	длинно**шеий**	страус
иметь	зеркало	толстокожий	слон
посмотри	что глуп	глупый	жираф
поняли	обижаться	маленький	человек

4 Найди синонимы к словам   Найди антонимы к словам

смеяться	думать	глупый	обижен
протянуть	хохотать	хвост	найти
считать	дать	доволен	нос
		искать	мудрый

5 Вставь слово верблюд в нужном падеже (Insert the word верблюд in the correct case):

искать .... , дразнить ...., смеяться над ....,
приставать к...................., убежал от....................,
возмущался................., издеваться над ...., удивился.............

6 Вопросы к рассказу:

1) Над кем смеялся носорог?
2) Как звери решили проучить носорога?
3) Кого увидел носорог в зеркале?
4) Что он увидел у себя на носу?
5) Почему звери перестали обижаться на него?
6) Когда о человеке говорят, что он толстокожий?

Answer key to Q5: верблюда, верблюда, верблюдом, верблюду, верблюда, верблюд, верблюдом, верблюд

Словарь   **ЗЕРКАЛО**

бедняга	*d. f.* бедняжка		*m.* poor thing, poor fellow
глядеть на себя в	*p.* поглядеть *ger.* глядя		*v.* look at yourself in
горбун	*f.* горбунья		*m.* hunchback
длинно**ног**ий			*adj.* long-legged
длинно**ше**ий			*adj.* long-necked
добро**душ**ный			*adj.* good-natured
доволен	довольный		*short adj.* be satisfied
зверь	*pl.* звери		*m.* wild animal
зеркало	*pl.* зеркалá		*n.* mirror
издеваться			*v.* humiliate, mock at
красавец			*m.* handsome
недощипанный	щипанный		*adj.* badly plucked, plucked
обида			*f.* offence
обижаться	*p.* обидеться		*v.* feel hurt
понимать	*p.* понять / пойму		*v.* understand
пробка			*f.* cork
про**учи**ть			*v.* teach someone a lesson
смеяться	*p.* посмеяться		*v.* laugh at
сомневаться	*p.* засомневаться		*v.* doubt
толстокожий			*adj.* thick-skinned
уметь	*p.* суметь		*v.* be able to do
уродина	*m.* урод		*f.* ugly, monster

НАСТОЯЩАЯ МАТЬ

Participle – ПРИЧАСТИЕ

1 Понимаете ли вы слова: щенок, котята, двор, порода, овчарка, скулить, ласково, кормить?

2 Прочитайте текст.

Кто-то под**бросил скулящего** слепого щенка во двор. Кошка, у которой в это время в ящике были котята, пере**несла** щенка к своим детям и стала кормить его молоком.

Щенок быстро пере**рос приёмную** маму, но по-прежнему **слушался** ее.

- Ты должен каждое утро вы**лизывать** свою шёрстку, - учила кошка щенка, и он **старательно лизал** себя языком.

Однажды во двор за**бежала** большая овчарка. Она **обнюхала** щенка и **добродушно проворчала**:
- Привет, щенок. Мы с тобой одной **породы**.

Тут собака увидела кошку и со злобным лаем **кинулась** на нее. Кошка **прыгнула** на забор и **зашипела** в ответ.

- Давай, щенок, вместе **прогоним** эту кошку отсюда, - **предложила** овчарка.

В ответ щенок **грозно зарычал**:
- Сама уходи из нашего двора и не трогай мою маму.

- Ха-ха-ха, кошка не может быть мамой собаки. Твоей мамой должна быть такая же овчарка, как я, - за**смеялась** большая собака и убежала.

Щенок задумался, а кошка ласково **промурлыкала** ему:
- **Кто кормит ребенка, тот для него и мать** .

3 Найди слово. Составь пару: (Match the words by referring to the text)

вылизывать	ребёнка	большая	мама
обнюхать	кошку	злобный	щенок
зарычала	шерстку	грозно	собака
прогнать	кошка	ласково	лай
зашипела	щенка	слепой	рычать
кормить	собака	приёмная	мурлыкать

4 Напишите слова в нужную колонку. Put the correct words in the columns:

предложить　прогнать　проворчать　прыгнуть　смеяться
обнюхать　сказать　трогать　кормить　лизать　лаять
промурлыкать　заявить　зарычать　зашипеть

Sounds	Actions	Adverb + verb
говорить	бежать	ласково ....
		грозно ....
		старательно ....
		злобно ....
		Добродушно ....

5 Найдите причастие в тексте. Find *Adverbial Adjective* in the text.

6 Составьте фразы со словами:
язык, молоко, щенок, шерстка, спина, забор, кошка

подбросить ....
обнюхать ....
лизать ....
кормить ....
прогнать ....
прыгнуть на ....

Answer key to Q5: скулящего *from adj.* скулящий *and verb* скулить

7 Ответьте на вопросы.

1) У кого были котята?
2) Кого подбросили кошке?
3) Чему учила щенка приёмная мама?
4) Кто забежал во двор?
5) Что предложила овчарка щенку?
6) Что сделал щенок?
7) Как вы поняли фразу «Кто кормит ребёнка, тот для него и мать». Найди эквивалент ей:
не та мать, что родила, а та, что воспитала;   не та мать, что воспитала а та, что родила.

Словарь **НАСТОЯЩАЯ МАТЬ**

ворчать	*p.* про**ворчать**	*v.* mumble, mutter
воспитать	*imp.* воспитывать	*v.* bring up
вылизывать	*imp.* лизать	*v.* lick
грозно		*adv.* threateningly
двор		*m.* yard
добродушно		*adv.* good-natured
добрый		*adj.* kind
душа		*f.* soul
забор		*m.* fence
зарычать	*imp.* рычать	*v.* growl
злобный		*adj.* malicious
кормить	*p.* покормить	*v.* feed
котёнок	*pl.* котята	*m.* kitten
лай		*m.* bark

ласково		*adv.*	gently
мурлыкать	*p.* замурлыкать	*v.*	purr
обнюхать	*imp.* нюхать	*v.*	sniff
овчарка		*f.*	sheep dog
пере**рос**	*imp.* расти	*v.*	be overgrown
подбросить	*imp.* бросить	*v.*	abandon *a* baby at smb's door
порода		*f.*	breed
предложить	*imp.* предлагать	*v.*	suggest
приёмн**ая** мама		*f. adj.*	step mother
прогонять	*p.* прогнать	*v.*	drive away
прыгнуть	*imp.* прыгать	*v.*	jump up
ребёнок	*pl.* дети	*m.*	baby
родить	*imp.* рождать	*v.*	give birth
скулить	*p.* заскулить	*v.*	whine
слепой		*adj.*	blind
слушаться	*p.* послушаться	*v.*	obey
трогать	*p.* тронуть	*v.*	disturb
шерсть	*d.* шерстка	*f.*	fur, wool
шипеть	*p.* зашипеть	*v.*	hiss
щенок		*m.*	puppy
ящик		*m.*	box

Answer key to Q7(7): не та мать, что родила, а та, что воспитала

БЕЛЫЕ ПЕРЧАТКИ

1 Понимаете ли вы слова: перчатки, грач, голодный, ленивый, птенец?

Раздобыл где-то молодой ленивый Грач пару белых перчаток. Кое-как **натянул** их на лапки и **задрал** клюв:

– Вот я какой!..

Полетели утром птицы на работу: жучков, паучков и мошек в лесах и на полях **собирать**. Грач дома **остался**.

– Летим с нами! – **кричали** птицы, пролетая мимо.

– Летите, летите! – отвечал им Грач. – Разве вы не видите, что я в белых перчатках? Не могу же я их **замарать**!

Наработались птицы в лесах и на полях, сами **досыта наелись**, прилетели домой птенцов кормить.

– А мне? – **крикнул** Грач. – **Накормите** меня! Я голодный! Весь день ничего не ел!

– Как же ты будешь есть в белых перчатках? Ты их **запачкаешь**!

– А вы мне прямо в рот **кладите** – я буду **жевать**!

– Ну нет! – отвечали птицы. – Ты уже давно не птенчик! Ты уже **носишь** белые перчатки!

Разлетелись птицы по своим гнёздам, перед сном песни пропели и легли спать.

А Соловей-соловушка, так тот даже ночью пел – так хорошо он **потрудился** за день.

Только Грач да старый Филин не спали. Филин мышей **ловил**, а Грач в гнезде **ворочался**. Ворочался, ворочался, а потом взял и съел одну белую перчатку. Голод – не тётка!

3 Соедините слова.

задрать	песни
ловить	перчаток
петь	перчатки
пара	мошку
наелся	нос
замарать	досыта

4 Найдите синонимы:

натянуть	сказать громко
раздобыть	жевать
съесть	двигаться
крикнуть	надеть
класть	найти
ворочаться	ложить

5 Допишите предложения :

раздобыл пару ...., натянуть на ...., разлетелись птицы по ...., кладите в ...., я голодный............. меня, перед сном .... песни, ворочался с боку на ...., съел одну ....

6 Как вы понимаете фразу «Голод – не тётка». Find the words below that describes this phrase: голод и моя тётя меня кормят; голод и тётя меня не кормят; голод – это не тётя, которая всегда накормит;

7 Найдите антонимы:

молодой	голодный
уродливый	чёрный
белый	красивый
ленивый	старый
сытый	трудолюбивый

8 Ответьте на вопросы.

1) Что натянул на лапки ленивый грач?
2) Куда полетели птицы утром?
3) Кого прилетели птицы кормить?
4) Что хотел ленивый Грач?
5) Кто не спал ночью?
6) Что съел голодный Грач?

Answer key to Q6: голод – это не тётя, которая всегда накормит

9 Как вы понимаете фразу «Кто не работает, тот не ест.» Найдите альтернативу ей: работай потом ешь; ешь потом работай; не будешь работать не будешь есть;

10 Напишите слова в нужную колонку. Put the words in the correct column : лапки, клюв, перчатки, птенцы, жевать, класть, работать, ленивый, летать, молодой, собирать, есть

грач	птицы	рот
......	......	......
......	......	......
......	......	......
......	......	......

СЛОВАРЬ   БЕЛЫЕ ПЕРЧАТКИ

белый		*adj.* white
ворочаться *imp.*		*v.* toss and turn
гнездо		*n.* nest
голод		*m.* hunger
грач		*m.* rook
досыта		*adv.* eat one's fill
жевать	*p.* пожевать	*v.* chew
жук	*d.* жучок	*m.* beetle
задрать	*imp.* задирать	*v.* turn up one's nose
класть	*p.* положить	*v.* put down
клюв		*m.* beak
ленивый		*adj.* lazy
ловить	*p.* поймать	*v.* catch

ложиться	*p.* лечь , легли	*v.* lie down
молодой		*adj.* young
мо́шка	*pl.* мошки	*f.* midge
носить	*p.* поносить	*v.* wear
оставаться	*p.* остаться	*v.* stay
па́ра		*f.* pair of
паук	*d.* паучок	*m.* spider
пачкать(ся)	*p.* запачкать(ся)	*v.* soil smth, make oneself dirty
перчатка	*pl.* перчатки	*f.* glove
петь	*p.* пропеть	*v.* sing
по́ле	*pl.* поля́	*n.* field
птенец *d.* птенчик *f.* птица		*m.* fledgling, *f.* bird
раздобыть добыть *imp.* добывать		*v.* get
разлетаться	*p.* разлететься	*v.* fly away in different directions
собирать	*p.* собрать	*v.* pick up, gather
соловей	*d.* соловушка	*m.* nightingale
сон	*pl.* сноведения	*m.* dream
спать	*p.* поспать	*v.* sleep
тётя	*slang.* тётка	*f.* aunt
трудиться	*p.* потрудиться	*v.* work, labour
тянуть	*p.* натянуть	*v.* pull, pull on
филин		*m.* owl

ЧТО МОЖЕТ БЫТЬ ПРЕКРАСНЕЕ?

(по Б.Дональду)

1 Понимаете ли вы слова: ветер, часы, роза, пахнуь?

2 Прочитайте текст

Дядя Фрэд жил на улице Западного Ветра в доме номер восемь. В комнате, где **висел** его портрет, по правую сторону от него на полке **стояла** в **бокале** роза, а слева — часы Тики-Таки.

«Ну что хорошего в часах? — думала роза. — Они **совершенно** не **пахнут**. А что не пахнет **приятно**, не может быть **поистине** прекрасно!»

А часы про себя **рассуждали**: «Какая глупая эта роза. Время она не умеет **показывать**. Не понимаю, за что ее **считают** прекрасной?»

Тут мимо **проползл** черный жук. Он бросил **взгляд** на розу и на часы и подумал: «Бедняжки, они же **совсем** не черные!» И пополз дальше. Он **спешил** на день рождения к своей бабушке.

Потом в окно **заглянула ласточка** и тоже увидела розу и часы.

— Ха! — сказала она. — Что **толку тикать** и **благоухать**, если не умеешь летать? Летать! Что может быть прекраснее?

— Плавать! — сказала рыбка из круглого **аквариума** на подоконнике.

— **Мяукать**, — сказала кошка и **выпрыгнула** из окна в сад.

— **Чавкать**, — сказала свинья, **жившая** по соседству в хлеву.

— **Раскачивать** деревья, — сказал **ветер**.

— **Поднимать ветер**, — сказали **раскачивавшиеся** деревья.

Роза и часы все еще **спорили**, когда домой **вернулся** дядя Фрэд со своей женой.

— Ну а что ты считаешь прекрасным? — спросили они дядю Фрэда.

— **Например**, мою жену, — ответил дядя Фрэд.

— **Согласна**, — сказала его жена и **поцеловала** дядю Фрэда.

3 Соедините слова.   4 Найдите синонимы:

свинья	висит	благоухать	думать
ласточка	ползает	вернуться	красивая
часы	мяукает	толк	пахнуть
кот	летает	рассуждать	прийти назад
роза	тикают	взглянуть	смысл
жук	рассуждает	прекрасная	посмотреть
портрет	благоухает		
дядя Фрэд	чавкает		

5 Допишите предложения :

на полке в .... стояла роза, она совсем не умеет показывать ...., за что розу .... прекрасной, часы .... не пахнут, жук .... на день рождения, аквариум на ...., кошка .... из окна, ветер .... деревья.

6 Составьте фразы со словами:(Make up phrases, using the correct word)
   ветер, жена, чём-то, роза, бокал, время, фильм, вопрос, часы
   показывать ....
   поднимать   ....
   спорить о   ....
   пахнуть как ....
   поцеловать ....

7 Ответьте на вопросы.

   1) Где висел портрет?
   2) Что находилось по правую и по левую сторону от него?

3) О чём спорили роза и часы?

4) Что подумал жук проползая мимо их?

5) «Что может быть прекраснее?» как ласточка, кошка, рыбка, свинья и ветер думали и рассуждали об этом?

8 Составьте фразы со словами: кошка, жук, роза, свинья, ветер, часы, птица

летать как ....

качать как ....

чавкать как ....

благоухать как ....

тикать как ....

ползать как ....

мяукать как ....

9 Как вы думаете, что может быть **поистине** прекрасно. Порассуждайте.

СЛОВАРЬ   ЧТО МОЖЕТ БЫТЬ ПРЕКРАСНЕЕ?

аквариум	*n.* aquarium
благоухать *imp.*	*v.* smell sweet
бокал	*m.* goblet
вернуться *imp.* возвращаться	*v.* return to
ветер	*m.* wind
взгляд	*m.* look
висеть *imp.*	*v.* hang
круглый	*adj.* round
ласточка	*f.* swallow (bird)
например	*adv.* for instance

пахнуть *imp.*		*v.* smell
поднимать ветер	*p.* поднять	*v.* create
подоконник		*m.* windowsill
поистине		*adv.* truly
ползать	*p.* ползти	*v.* crawl
поцеловать	*imp.* целовать	*v.* kiss
прекрасный		*adj.* excellent, beautiful
приятно		*adv.* be pleasant, nice
прыгать	*p.* вы**прыгнуть**	*v.* jump, jump out
раскачива**вшийся**		*ple.* swinging
раскачивать	*p.* раскачать	*v.* rock, swing
рассуждать	*p.* рассудить	*v.* think about
совершенно		*adv.* totally
совсем		*adv.* quite, entirely
согласен	*f.* согласна	*short adj.* be agreeable,
спорить	*p.* поспорить	*v.* argue
сторона		*f.* side
стоять	*p.* постоять	*v.* stand
тикать	*p.* затикать	*v.* tick
толк	смысл	*m.* sense
хлев		*m.* pigsty
чавкать	*p.* зачавкать	*v.* chomp

ОСЁЛ И БОБР

Perfective Verbs

1 Понимаете ли вы слова: осёл, бобр, лоб, пенёк?

2 Прочитайте текст.

Росло посреди полянки молодое, красивое дерево.

Бежал через полянку Осёл.

Он **зазевался** и **налетел** со всего хода на это дерево, да так, что искры из глаз **посыпались**.

Обозлился Осёл. Пошёл к реке, **позвал** Бобра.

- Бобр! Знаешь полянку, на которой одно дерево растёт?
- Как не знать!
- **Свали**, Бобр, это деревце! У тебя зубы **острые**...
- Это ещё зачем?
- Да я об него лоб **расшиб** - **шишку** себе **набил**!
- Куда ж ты смотрел?
- "Куда, куда"... **Зазевался** - и все тут... Свали дерево!
- **Жалко валить**. Оно полянку **украшает**.
- А мне бегать **мешает**. Свали, Бобр, деревцо!
- Не хочу.
- Что тебе, **трудно**, что ли?
- Не трудно, но не буду его валить.
- Почему?
- А потому, что, если я его свалю, ты на **пенёк** налетишь!
- А ты пенёк **выкорчуй**!
- Пенёк выкорчую, ты в **яму упадёшь** - ноги **переломаешь**!
- Почему?
- Потому, что ты Осёл! - сказал Бобр.

3 Допишите предложения :

Посреди полянки .... дерево; Осёл налетел на ...., да так,что набил себе .... на лбу; Бобр .... в реке; У бобра .... зубы; Жалко валить ....; Ты на пенёк ....; Ты в яму упадёшь и ноги .... Потому что ты ....

4 Соедините слова.   5 Найдите синонимы:

острые	шишку	зазеваться	ушибить
выкорчуй	полянку	свалить	не смотреть
набить	лоб	посреди	падать
молодое	зубы	посыпаться	между
украшать	деревце	набить	рубить
расшибить	пенёк		

6 Составьте фразы со словами: дерево, осёл, пенёк, ноги, шишка, лоб

зазевался ....;   набить ....;
налететь на ....;   росло ....;
расшибить ....;   корчевать ....;
переломать ....;   рубить ....;

7 Напишите слова в нужную колонку. Put the correct words in the correct column: зубы, полянка, зазеваться, украшать, река, острый, посредине, ушибить, лоб, мудрый, шишка, расти

дерево	осёл	бобр
....	....	....
....	....	....
....	....	....
....	....	....

8 Найдите антонимы Find antonyms:

почему	дерево
поляна	река
глупый	потому что
пенёк	мудрый

9   Ответьте на вопросы.

   1   Где бежал осёл?
   2   На что осёл налетел?
   3   Что посыпалось из глаз у осла?
   4   К кому пошёл осёл?
   5   Что просил осёл бобра сделать?
   6   Почему бобр не хотел свалить дерево?
   7   Как вы поняли фразу «Потому что ты осёл!» Find the word below that describes this phrase: **мудрый, милый, умный, глупый**

10 Find the correct word in the text and fill in the sentences wlth them. Pay attention to the endings.

1. Мы .... ёлку на Новый Год. 2. Девочка быстро бежала, упала и .... себе лоб. 3. Маша, не .... делать уроки старшему брату. 4. Ей стало .... собаку и она взяла её к себе домой. 5. Медведь вылез из большой .... 6. Куда ты смотришь? Не .... ! 7. Мне не .... помочь тебе. 8. Сумка упала и яблоки .... на пол. 9. Папа .... гвозди на стену и повесил картину. 10. У стола .... углы и он быстро одёрнул руку, потому что было .... 11. Старику было .... тянуть пень из земли, поэтому он .... сына. 12. Эта шляпа .... вас.

СЛОВАРЬ   ОСЁЛ И БОБР

бобр   *m.* beaver

жалко   *adv.* feel pity

зазеваться *p.*   *v.* lose vigilance

зуб   *d.* зубик   *pl.* зубы   *m.* tooth, teeth

искра   *f.* sparkle like a star

корчевать	*p.* выкорчевать	*v.* root out
лоб	*pl.* лбы	*m.* forehead
мешать	*p.* помешать	*v.* be in the way
набить шишку		*v.* get a bump
на**лететь**	*imp.* налетать	*v.* run into *(in this context)*
обозлиться	*imp.* злиться	*v.* to get angry
осёл	*d.* ослик *pl.* ослы	*m.* donkey
острый		*adj.* sharp
пень	*d.* пенёк	*m.* stump
переломать	*imp.* ломать	*v.* break
поляна	*d.* полянка	*f.* meadow
посреди		*adv.* in the middle
посыпаться	*imp.* сыпаться	*v.* rain down *(in this context)*
расти	*p.* вырасти	*v.* grow, grow up
расшибаться	*p.* расшибить	*v.* hurt yourself
свалить	*imp.* валить	*v.* fell, *imp.* bring down
трудно		*adv.* be difficult
украшать	*p.* украсить	*v.* decorate
упасть	*imp.* падать	*v.* fall,
яма	*d.* ямка	*f.* hole, pit

Answer key to Q10: 1 украшаем, 2 расшибла, 3 мешай, 4 жалко, 5 ямы, 6 зевай *(keep your eyes open)*, 7 трудно, 8 посыпались, 9 набил, 10 острые, больно, 11 трудно, позвал, 12 украшает

БАГАЖ

(по Маршаку С.)

Passive voice. IMPERSONAL CONSTRUCTION- безличные предложения.

1 Понимаете ли вы слова: квитанция, станция, вагон, звонок, багаж?

2 Прочитайте текст.

Дама сдавала в багаж Диван, Чемодан, Саквояж, Картину, Корзину, Картонку и маленькую собачонку.

Выдали даме на станции Четыре зелёных квитанции о том, что **получен** багаж: Диван, Чемодан, Саквояж, Картина, Корзина, Картонка и маленькая собачонка.

Вещи **везут** на перрон и **кидают** в открытый вагон. Готово. **Уложен** багаж: Диван, Чемодан, Саквояж, Картина, Корзина, Картонка и маленькая собачонка.

Как только **раздался** звонок, **удрал** из вагона щенок.

Заметили на станции Дно **потеряно** место одно. В испуге считают багаж: Диван, Чемодан, Саквояж, Картина, Корзина, Картонка... - Товарищи! Где собачонка?

Вдруг видят **стоит** у колёс огромный **взъерошенный** пёс. **Поймали** его — и в багаж, туда, где лежал Саквояж, Картина, Корзина, Картонка, где **прежде** была собачонка.

Приехали в город Житомир. Носильщик пятнадцатый номер везёт на тележке багаж: Диван, Чемодан, Саквояж, Картину, Корзину, Картонку. А сзади **ведут** собачонку.

Собака-то как **зарычит**, а барыня как **закричит**: - Разбойники! Воры! Уроды! Собака - не той породы!

Швырнула она чемодан, ногой **отпихнула** диван, Картину, Корзину, Картонку... - **Отдайте** мою собачонку!

- **Позвольте**, мамаша! На станции, согласно багажной квитанции, от вас **получили** багаж: Диван, Чемодан, Саквояж, Картину, Корзину, Картонку и маленькую собачонку. Однако за время пути собака могла **подрасти**!

3 Допишите предложения:

согласно богажной ...., носильщик вещи............на тележке, выдали даме четыре ...., в испуге ....багаж, отдайте мою .... , сзади................. собачонку

4 Соедините слова.   5 Найдите синонимы:

собаку	раздался	собака	отдавала
чемодан	зарычит	сдавала	убежал
щенок	везут	прежде	дама
дама	удрал	барыня	пёс
звонок	ведут	удрал	раньше
собака	закричит		

7 Составьте вопросы. *(Instead of the highlighted word use a question-word to form a question.)*

1) Дама сдавала **багаж**. 2) Вещи везут на **перрон**. 3) Удрал из **вагона** щенок. 4) У колёс **огромный взъерошенный** пёс. 5) **За время пути** собака могла подрасти.

словарь   БАГАЖ

багаж   *m.* luggage

барыня   *f.* lady, gentlewoman

вагон   *m.* carriage

вдруг		*adv.* suddenly
вещь	*pl.* вещи	*f.* thing
взъерошенный		*participle.* dishevelled
водить	*p.* вести	*v.* lead
возить	*p.* везти	*v.* drive, cart
вор		*m.* thief
готово		*adv.* done
d. собачка, *d.* собачонка		*f.* little dog
закричать, крикнуть *imp.* кричать		*v.* shout
заметить	*imp.* замечать	*v.* notice, observe
зарычать	*imp.* рычать	*v.* growl
звонок		*m.* bell
испуг		*m.* fear
как только		*adv.* when, as soon as
картонка		*f.* a piece of cardboard
квитанция		*f.* receipt
кидать	*p.* кинуть	*v.* throw
колесо́	*pl.* колёса	*n.* wheel
корзина		*f.* basket
лежать	*p.* лечь	*v.* lie
мамаша		*slang.* mother
носильщик		*m.* porter, carrier

огромный		*adj.*	huge
однако		*adv.*	however, nevertheless, but
отдать	*imper.* отдайте	*v.*	give back
от**пихнуть**	*imp.* пихать	*v.*	kick away, push
пёс	*pl.* псы	*m.*	dog
подрасти	*imp.* расти	*v.*	grow, grow up
позвольте		*imper.*	allow me
получить	*imp.* получать	*v.*	get, receive
потерять	*imp.* терять	*v.*	lose
прежде	раньше	*adv.*	before
разбойник		*m.*	robber, rogue
раздаться	*imp.* раздаваться	*v.*	be heard (*sound, ring*), ring out
саквояж		*m.*	traveling bag
сдавать	*imp.* давать	*v.*	check in (one's luggage); give
сзади		*adv.*	behind
согласно		*adv.*	according to
считать	*p.* посчитать	*v.*	count
тележка		*f.*	luggage trolley
удрать *p.*	убежать *p.*	*v.*	run away
уложить	*imp.* укладывать	*v.*	stow (one's luggage)
чемодан	*d.* чемоданчик	*m.*	suitcase
швырнуть	*imp.* швырять	*v.*	throw forcefully

МУХА И КИТ

Verbal Adverbs (По Дональду Биссет)

1 Понимаете ли вы слова: мёд, му́ха, пчела́, развлекать?

2 Прочитайте текст.

Жил-был на свете **огромный** кит. Звали его Ники. Он был такой большой, что между кончиком его носа и кончиком его хвоста могли встать, **взявшись** за руки, тридцать три мальчика и девочки.
Как вы думаете, что Ники любил больше всего на свете?
Оказывается, мёд.

У Ники была подруга, которую звали Зи-Зи. Зи-Зи была мухой и жила у мамы на кухне.

Однажды Зи-Зи вышла прогуляться по **потолку** и вдруг **заметила** на кухонном столе мамину **записку**:

«Зи-Зи здесь не твой дом.»

Зи-Зи **слетела вниз с потолка**, **села** на кухонный стол и прочитала **записку**.

«Зи-Зи здесь не твой дом.»

«Не очень-то **гостеприимно**, — подумала Зи-Зи. — Ну что ж, полечу к Ники. **По крайней мере**, он-то ко мне хорошо **относится**».

Зи-Зи **попрощалась** с кошкой Муркой и вылетела в окно. В саду она увидела **пчёл**.

«**Была бы** я пчелой, — подумала она, — **собирала бы** мёд...»
Но пчелой она не была и собирать мёд не умела. А ей очень

хотелось **угостить** Ники мёдом. И она села на розовый куст, чтобы подумать, как же быть. А рядом села ее **приятельница** пчела, которую звали Жу-Жу.

— О чем задумалась, Зи-Зи? — спросила пчела.

— Хотелось **бы** мне раздобыть **немножко** мёду, — сказала Зи-Зи, — для моего друга Ники. Я теперь буду жить у него, и мне хочется сделать ему подарок. Но где **достать** мёда, **просто ума не приложу**.

— Нет ничего **проще**, — сказала Жу-Жу и **шепнула** ей что-то на ухо.

Зи-Зи очень **довольная** полетела скорее к морю, где жил Ники.

Она прилетела туда, как раз когда Ники **вздремнул** после обеда.

Зи-Зи **опустилась** к киту на спину тихо-тихо, на **цыпочках**, чтобы не **разбудить** его, **поставила** рядом **кувшин**, сняла с кувшина **крышку** и стала **ждать**.

Вскоре она услышала **издалека** ж-ж-ж-ж жужание. «Ж-ж-ж-ж-ж-ж-ж» становилось все громче, громе и громче, и наконец показалась пчела. Пчела подлетела к кувшину и **капнула** туда капельку мёду. За ней прилетели еще пчелы и тоже капнули по капельке мёду. Пчёл налетела целая армия, и вскоре кувшин **наполнился** мёдом до **краев**. Потом пчелы **попрощались** с Зи-Зи и улетели к себе домой.

А тут и Ники **проснулся**. **Увидев** кувшин с мёдом — подарок Зи-Зи, — он открыл **широко** рот, и Зи-Зи **вылила** ему в рот весь мёд.

— До чего **вкусно**! — сказал Ники и **крепко**-крепко **поцеловал** Зи-Зи. А потом сладко **зевнул**. — Где ты, Зи-Зи? — спросил он. — Улетела, **наверное**, - подумал Ники. - Ну что ж, можно еще часок поспать.

А Зи-Зи никуда не улетала, она просто **прилипла**. Она немало по**трудилась**, чтобы от**лепить** сначала одну ногу, потом другую, потом все **остальные**. Наконец она **освободилась** и пошла **гулять** по китовой **спине**. Ники был такой длинный, что Зи-Зи шла от кончика его носа до кончика его хвоста **целый** час.

Когда Зи-Зи **вернулась** с прогулки, Ники уже совсем проснулся, и они стали играть в любимую игру Зи-Зи. Зи-Зи садилась киту на нос, Ники **пускал** фонтан, и Зи-Зи **взлетала** в воздух.

А капитаны **встречных** кораблей смотрели на них в **подзорную трубу** и говорили:

— **Недурно развлекается** эта муха!

3 Допишите предложения :

между кончиком .... и .... хвоста, он больше всего на .... любил ...., он ко мне .... относиться, пчелой она .... и собирать .... не ...., целовать ....,

4 Соедините слова.   5 Найдите синонимы:

взявшись	записку	огромный	быть на свободе
слетела	с прогулки	недурно	сказать до свидание
прилипла	мёд	заметить	письмо
заметила	за руки	записка	неплохо
вернуться	к носу	попрощаться	увидеть
собирать	с потолка	освободиться	большой

6 Составьте фразы со словами: прогулка, фонтан, ноги, спина, парк

гулять по ....
пускать ....
отлепить ....
вернуться с ....
опустилась на ....

7 Как вы понимаете фразу «**просто ума не приложу**» Найдите альтернативу ей: не знаю где; не понимаю что; не знаю что делать; не буду делать; не думаю

8 Ответьте на вопросы.

1 Что любил кит больше всего?
2 Кто подруга у кита?
3 Где жила муха?
4 Что прочитала муха в записке?
5 Куда муха полетела и почему?
4 Что пчела капнула в кувшин?
9 Как развлекались муха и кит?

9 Find the *Verbal Adverbs* in the text and fill in the sentences wlth them.
Они пошли по улице .... за руки. .... много мух на кухне она закрыла окно. Капитан корабля .... остров поплыл к нему. Мальчик .... собаку побежал от неё. Счастливые люди .... за руки пели песни.

Answer key to Q7: не знаю что делать

словарь		МУХА И КИТ
вздремнуть	*imp.* дремать	*v.* take a nap
встречный		*adj.* coming from the opposite direction
зевнуть	*imp.* зевать	*v.* yawn
кончик		*m.* tip
крепко целовать		*adv.* kiss passionately
крышка		*f.* lid
кувшин		*m.* jug
муха	*pl.* мухи	*f.* fly, flys
наверное		*adj.* perhaps
наполниться	*imp.* наполняться	*v.* fill up
недурно		*adv.* it's not bad

немного	*d.* немножко	*adv.* a little
оказываться	*p.* оказаться	*v.* prove to be
опуститься	*imp.* опускаться	*v.* lower (oneself)
остальной	*pl.* остальные	*adj.* remainder, the rest of
относиться	*p.* отнестись	*v.* treat smb kindly
подзорная труба		*f.* telescope
прилипнуть	*imp.* липнуть	*v.* stick to
при**ло**жить	*imp.* ложить	*v.* apply (one's mind to)
приятельница		*f.* female friend
проще	*from.* просто	*comparative adv.* easier, simpler
пускать		*v.* emit
пчела	*d.* пчёлка *pl.* пчёлы	*f.* bee
развлекаться	*p.* развлечься	*v.* have fun, have a good time
свет		*m.* world *(in this context)*; light
ум		*m.* intellect, mind, wit
ухо	*d.* ушко *pl.* уши	*n.* ear
хвост	*d.* хвостик	*m.* tail
цыпочки		*pl.* on tip toe
шепну́ть	*imp.* шептать	*v.* whisper
широко		*adv.* wide

Answer key to Q9: взявшись, увидев

ЦВЕТОК КАКТУСА

Short Adjectives, Participles, Verbal Adverb (по М.Скребцовой)

1 Понимаете ли вы слова: кактус, цветок, пески, пустыня, звезда?

2 Прочитайте текст.

Однажды утром в жаркой пустыне, где утро и день одинаково знойны, **родился** цветок. Это был кактус. Он стал десятым **ребёнком** в большой семье. Все дети в этой семье получали железное воспитание. Им **давали** лишь капельку **влаги** в неделю. **Такое воспитание давало свои плоды**. Кактусы вырастали **выносливыми** и молчаливыми. Они умели **терпеть**, не задавая лишних вопросов. Десятый ребёнок был другим. Он задавал вопросы. Сначала своей матери и братьям, а затем, так и не **получив** их ответа, всем, кого видел вокруг. «Интересно, можно ли **утонуть** в песках? — думал кактус. «А небо — это тоже песок? Но почему оно другого цвета? Почему оно так редко **плачет**, ведь его слёзы дают нам столько **свежести**!?

Его мать **сердилась** и **ворчала**: «Ты спрашиваешь слишком много... для кактуса. Ты должен молчать и терпеть..., как все мы!»

Но кактус не хотел терпеть. Его братья были **неуязвимы**, **холодны** и гордо **молчаливы**. И это делало его **несчастным**. И он разговаривал с солнцем и песками, ветром и редким дождем, а ночами — с далёкими **звёздами**. Все они пели ему свои песни о **земных** и **небесных мирах**, о жизни других...

«Другие! Вот бы увидеть их!» — **мечтал** кактус.

Пески рассказали ему о людях. О людях они знали **бесконечно много**! Это были **увлекательные** истории: весёлые и печальные, тревожные и даже страшные.

«**Люди**! Как они выглядят? Вот бы **дотронуться** до них иглами», — **вздыхал** мечтатель.

«Ха-ха-ха», — **смеялись** звёзды. «Люди не любят **колючих**. Они убегают от того, кто делает им **больно**... Им нужно **светить**, тогда они тоже светятся и **остаются** с тобой... **навсегда**», — так говорили звёзды.

«Пески рассказывают, что люди знают всё на свете. Они не молчат, как мы...», — **размышлял** кактус.

«Да, они не молчат... Если **безмолвствует** их язык, то говорят их глаза, сердце и **душа**», — говорили кактусу звёзды.

«Душа! Что это? Есть ли это, у нас, кактусов?!» — спрашивал кактус.

И вот однажды **случилось чудо**. Кактус увидел людей и расслышал их слова: «Что за создание, пустыня! **Суровое** царство **однообразия** и **безмолвия**! Она приветствует лишь колючками растений, да и то, если **расценивать** это как приветствие. Сравнимы ли **благоухающие** цветы лугов с этими уродливыми...»

Кактус понял, что говорят о нём. Он **впервые** узнал, что **некрасив** и **уродлив**. Ему захотелось **плакать**. И люди действительно увидели **капли слёз** на нём, которые **просочились** через частые иглы. «Смотри-ка, **плачущий** кактус! — **заметил** один из людей и **прикоснулся** к нему. — Его иглы совсем не колются, это, наверно, какой-либо новый вид неколючих кактусов. Интересно, много их тут?» — и люди посмотрели вокруг себя. В стороне росли другие кактусы. Люди подошли к ним, нагнулись и тут же одернули руки — острые иглы больно укололи их пальцы! «Да, видно он один здесь такой, нежный!» — говорили люди, **возвращаясь** к удивительному кактусу.

Кактус чуть не умер от счастья, когда увидел вновь, что люди идут к нему. По мере того как они **приближались**, на их лицах был **восторг**: «Смотри! Чудо красоты! Белоснежное чудо! Сокровище! Нельзя сравнить его **чарующий аромат** с благоуханием всех цветов земли. Боже, не **снится** ли это нам!» — и люди **замерли** перед кактусом в **безмолвном восхищении**.

«О чём это они? Да, люди очень **странные**: то они называют меня уродом, то замирают перед чем-то во мне в восхищении», — **удивлялся** кактус. А **прекрасный** цветок — чудо красоты рос и рос из него. Всё **пространство** вокруг благоухало. И дивный свет исходил от белоснежного чуда, рожденного кактусом.

Была ночь. Небо, **усыпанное** звездами, **раскрыло** свои объятия волшебному цветку кактуса. При звездном свете он выглядел божественно прекрасно. Звезды говорили кактусу: «Теперь ты увидел душу... Твой цветок открыл ее в людях... Ты счастлив».

3 Допишите предложения :

В жаркой .... родился .... у кактуса. Кактусы вырастали .... и молчаливыми. Кактус говорил с ...., с ветром, с .... звёздами. Это были .... истории. Люди подошли к .... и нагнулись. Острые .... укололи .... Это совсем другой .... кактуса. Иглы совсем не .... Это не .... кактус. Чудо .... рос и рос из него. Всё пространство .... благоухало. Небо, ... звёздами .... своё объятие. При .... свете цветок кактуса .... божественно .... Кактус был............................. .

4 Find a Verbal Adverb in the text and complete the sentence:
   ....:........... письмо от сына, мать засветилась от счастья.

5 Соедините слова.

увлекательные	песни	капли	палец
мерцание	мирах	одёрнуть	чудо
пели	истории	уколоть	слёз
мечтать о	звёзд	случилось	руку

6 Найдите синонимы:

прекрасный	волшебный	увлекательный	знойный
мерцать	красивый	жаркий	безмолвный
подходить	сильный	вода	страшный
размышлять	думать о	молчаливый	влага
выносливый	приближаться	тревожный	интересный
дивный	светить	чудесный	чарующий

7 Составьте фразы со словами: **вокруг, кактус, вопросы, всё на свете, небо**

задавать ....

знать ....

посмотреть ....

светить на ....

замерли перед ....

8 Найдите антонимы Find antonyms:

смеющийся	спршивать	молчаливый	бесконечный
далёкий	лес	весёлый	несчастный
отвечать	ответ	знойный	разговорчивый
пустыня	говорить	конечный	печальный
вопрос	близкий	нежный	холодный
молчать	плачущий	счастливый	колючий

9 Как вы понимаете фразу «Такое воспитание давало свои плоды»
Найдите альтернативу ей:

хорошее воспитание; плохое воспитание; суровое воспитание, терпеливое воспитание, нежное воспитание

10 Напишите слова в нужную колонку. Put the correct words in the correct column: зной, вода, однажды, влажный, редкий, дождь, песок, жара, влага, пустыня, вновь, один раз

река	солнце	впервые
....	....	....
....	....	....
....	....	....
....	....	....

11 Напишите слова в нужную колонку. Put the words in the correct column: язык, ребёнок, кровь, палец, глаза, дети, больно, игла, родители, острый, лицо, день рождения

рука	уколоть	родить
....	....	....
....	....	....
....	....	....
....	....	....

12 Напишите слова в нужную колонку. Put the correct words in the correct column: чудо, тишина, ночь, звёзды, дивный, молчать, пространство, удивительный, молча, восхищаться, необъятный, безмолвный

небо	тихо	красота
....	....	....
....	....	....
....	....	....
....	....	....

13 Допишите :
Первый, второй, ..., четвёртый, пятый, ... седьмой, ..., девятый, ...

Answer key to Q8: суровое воспитание

14 Вопросы и задания к сказке:

1 Чем цветок кактуса отличается от других цветов?
2 Какой характер был у кактуса?
3 Что изменилось в людях при виде цветущего кактуса?

словарь	ЦВЕТОК КАКТУСА	
бесконечно		*adv.* endlessly
боже		*exclamation.* O my God!
божественно		*adv.* divine
весёлый		*adj.* cheerful, jolly
вид		*m.* species, type
влага		*f.* moisture
вокруг		*adv.* around
волшебный		*adj.* magical
ворчать	*p.* заворчать	*v.* grumble at
воспитание		*n.* upbringing
восторг		*m.* ecstasy, delight
восхищение		*n.* admiration
впервые		*adv.* for the first time
выносливый		*adj.* hardy
гордо		*adv.* proudly
давать *imp.*	*p.* дать	*v.* give to
дивный		*adj.* amazing, marvellous
дотронуться, тронуть *imp.* трогать		*v.* touch

душа		*f.* soul
есть		*v.* exist *(in this context)*
железный		*adj.* iron
задавать	*p.* задать	*v.* ask
замирать	*p.* замереть	*v.* stand (stock) still
земной		*adj..* earthly
знойный		*adj.* burning hot
измениться	*imp.* изменяться	*adj.* change
колючий		*adj.* prickly
лицо	*pl.* лица	*f.* face
лишний		*adj.* excess
люди	*singular.* человек	*pl.* people
мечтатель		*m.* dreamer
мечтать	*p.* помечтать	*v.* day-dream
мир	*pl.* миры	*m.* world *(in this context)*
молчаливый		*adj.* silent
навсегда		*adj.* forever
нагнуться	*imp.* нагибаться	*v.* bend down, bow
небесный		*adv.* heavenly, divine
нежный		*adj.* tender, delicate
несчастный		*adj.* unhappy
неуязвимый		*adj.* invulnerable

объятие	*f.* необъятность	*n.* immensity *(in this context)*
одёрнуть, дёрнуть *imp.* дёргать		*v.* pull out, tug
одинаковый		*adj.* identical
однажды		*adv.* once, one day
отличаться *p.* отличиться		*v.* differ from
палец	*pl.* пальцы	*m.* finger
песня	*pl.* песни	*f.* song
песок	*pl.* пески	*m.* sand, sand dunes
печальный		*adj.* sad
плакать	*p.* заплакать	*v.* cry
плод	*pl.* плоды	*m.* result of *(in this context)* ; fruit of
получать	*p.* получить	*v.* get, obtain
просочиться *imp.* просачиваться		*v.* ooze
пространство		*n.* space, room
пустыня		*f.* desert
размышлять *imp.*		*v.* think about
раскрыть, открыть *imp.* раскрывать		*v.* expose
расценивать *imp. p.* расценить		*v.* consider
редкий		*adj.* seldom
родить(ся) *imp.* рождать(ся)		*v.* be born
рожденный		*ple.* gave birth to
свежесть		*f.* crispness, coolness,

светить(ся)	*p.* засветить(ся)	*v.* shine; *m.* свет. light
сердить(ся)	*p.* рассердить(ся)	*v.* be cross, be angry
слишком		*adv.* too
сниться	*p.* присниться	*v.* dream
сокровище		*n.* treasure
странный		*adj.* strange
страшный		*adj.* scary
суровый		*adj.* rough, harsh,
счастливый		*adj.* happy
терпеливый		*adj.* patient
терпеть *imp.*		*v.* bear, stand
тревожный		*adj.* anxious
удивляться	*p.* удивиться	*v.* be surprised, amazed at
уколоть	*imp.* колоть	*v.* wound, hurt, prick
усыпанный		*adj.* studded with, covered
утонуть	*imp.* тонуть	*v.* sink
царство		*n.* land of
цветущий		*ple.* blooming
чарующий		*adj.* fascinating, charming
чудесный		*adj.* miraculous, wonderful
чудо	*pl.* чудеса	*n.* miracle, wonder
чуть		*adv.* hardly

ДВЕ ВОЛНЫ

Verbs, Reflexive Verbs

1 Понимаете ли вы слова: корабль, мачта, озеро, плен?

2 Прочитайте текст.

Жили в море две волны — большая и маленькая. Большую волну так и звали Большая, а маленькую — Маленькая.

Они были очень **дружны** и плавали всегда **вместе**. Волна Маленькая **относилась** ко всем **дружелюбно**, она играла и с рыбами, и с ветром, и с другими волнами.

Большая волна была очень **свирепая**, она **била** и **крушила** все на своем пути.

Особенно она любила налетать на корабли. Она **поднималась** выше **мачт**, а потом **обрушивалась** с высоты на палубу и **заливала** ее водой.

Еще ей нравилось с **разбегу налетать на скалы**, словно она хотела **опрокинуть** их, **смыть, уничтожить**.

И только к Маленькой волне она **оставалась** всегда **доброй** и **сдерживала** свой свирепый нрав.
Однажды волна Большая и волна Маленькая играли недалеко от берега, и Маленькая увидела на **песчаном** пляже мальчика с мороженым в руках.

— Ой, я тоже хочу мороженого! — сказала она.

— Сейчас ты его получишь! — сказала Большая.

Она с разбегу налетела на мальчика, **выхватила** у него

мороженое и **отдала** волне Маленькой. Маленькая **мигом** его **слизнула**. Мороженое оказалось очень **вкусное**. Клубничное!

После мороженого Маленькая волна спросила:

— А что теперь будем делать?

— Что? Смотри! — сказала Большая. — Видишь вон те скалы? Сейчас они узнают, что такое настоящий удар. Я им покажу! Гляди!

И волна Большая поднялась высоко-высоко, в три раза выше самих скал, а потом стремительно обрушилась на них. Ух, держись! Скалам даже стало **жутко**, и они сдвинулись плотнее.

Однако волна Большая поднялась слишком **высоко** и бросилась вниз слишком **стремительно**, и поэтому вместо того, чтобы обрушиться на скалы, она перелетела через них и упала в **узкую** лощину, **лежавшую** как раз за скалами. И уже в море вернуться не могла. Она была заперта! Волна билась, кидалась, плескалась, **но все попусту**. Она оказалась в плену.

— Помогите! — закричала она. — Помогите!

В это время над лощиной пролетала утка Миранда. Она опустилась на скалу и спросила:

— Что случилось?

— Видишь, я не могу отсюда выйти, — сказала волна Большая. — Я в плену. Помоги мне, прошу тебя!

— Нет, я не хочу тебе помогать! — сказала Миранда. — Ты на всех **нападаешь, топишь** корабли и даже хочешь **разрушить** скалы. А только что я своими глазами видела, как ты отняла у мальчика мороженое.

Но тут Миранда услышала, что кто-то плачет по другую сторону скал. Она посмотрела на море и увидела волну Маленькую.

— О чём ты **плачешь**? — спросила ее ласково Миранда.

— Я хочу к Большой волне, — сказала Маленькая. — Она там, в плену за скалами, а лазить по скалам я не умею. — И Маленькая опять заплакала.

— Большой волне я помогать не буду! — сказала Миранда. — Она этого не заслуживает. И ей вовсе незачем возвращаться в море! Но тебе я помогу, если ты согласна перебраться за скалы.

— Согласна! — сказала волна Маленькая.

— Ты хорошо подумала? — спросила Миранда.

— Хорошо, — ответила волна Маленькая.

— Ну тогда следуй за мной!

И она показала волне Маленькой, где лучше выбраться на песок. А потом вырыла лапкой в песке канавку и сказала волне Маленькой плыть по канавке вокруг скал. Так волна Маленькая и сделала и **скоро** очутилась в **горной** лощине.

Друзья обрадовались встрече и даже расцеловались.

— Как я рада тебя видеть, — сказала волна Большая.

— И я рада видеть тебя, — сказала волна Маленькая.

— Знаешь что, давай станем одной волной и будем всегда вместе, предложила волна Большая.

— Давай, — согласилась волна Маленькая и при этом даже всплеснулась от **радости**. И вот две волны **соединились**.

Так **образовалось** горное озеро, которое славится красивыми цветами анемонами.

3 Допишите предложения :

Они были очень .... и плавали.................. . Волне
.... с разбегу .... на скалы. Она ....… . всегда
доброй и .... свой .... нрав. Волна ....
высоко, а потом .... обрушилась на скалы. Утка показала,
где лучше ....на песок. Так..................... горное озеро. Оно
славиться ......………

4 Найдите антонимы слова с противоположным значением.

маленькиий	грустный	стремительно	опуститься
добрый	большой	подняться	медленно
дружелюбный	широкий	сдвинуться	низко
узкий	злой	уйти	отнять
радостный	свирепый	отдать	раздвинуться
сдержанный	враждебный	высоко	вернуться

5 Составьте фразы со словами: скалы, нрав, мяч, мороженое, вода
   отнять ....
   сдерживать ....
   заливать ....
   разрушать ....
   бить по ....

6 Составьте фразы со словами: скалы, высоко, плен, корабли, назад
   топить ....
   лазить по ....
   вернуться ....
   оказаться в ....
   подняться ....

7 Напишите слова в нужную колонку. Put the four correct words in the correct column: горное, крушить, корабли, добрая, цветы, уничтожать, канавка, песок, образовалось, опрокинуть, славиться, лапка

волна	утка	озеро
....	....	....
....	....	....
....	....	....
....	....	....

8 Найдите синонимы:

стремительно	купаться	отнять	топить
дружелюбно	очутиться	нападать	бить
оказаться	разрушить	заливать	давать
плескаться	быстро	получить	выхватить
уничтожить	дружно	отдать	вернуть

9 Допишите предложения. Вставьте глаголы в нужной форме: заливать, сдерживать, плескаться, играть, налететь, опрокинуть, подняться, относиться, опуститься, клубничное, броситься.

1. Солнце .... над горизонтом. 2. Я .... кувшин с молоком. 3. Дети .... вместе. 4. Люди .... огонь водой. 5. Спортсмен .... вниз со скалы. 6. Как ты .... ко мне? 7. Голубь .... на скалу. 8. Корабль .... на скалу. 9. Муж .... свой свирепый нрав. 10. Дельфины .... в море недалеко от берега. 11. Это .... варенье.

10 Напишите фразы со словами: радоваться, обрадоваться, радость, радостный, радостно, душа, улыбка, лицо, друг другу, новость, говорить, ответить, сказать, согласиться, друзья, улыбаться
Например: радостно улыбаться → Он радостно улыбался.

11 Ответьте на вопросы.

1) Какая была Маленькая волна? 2) Какая была Большая волна? 3) Что любила делать Маленькая волна? 4) Что любила делать Большая волна? 5) Кого увидела Маленькая волна? 6) Почему плакала Маленькая волна? 7) Как помогла утка Миранда. 8) Как образовалось горное озеро?

12 Поставьте вопросы к **выделенным** словам:

1. Волна Маленькая относилась ко всем **дружелюбно**.
2. Утка Миранда вырыла **лапкой** в песке **канавку**.
3. **Друзья** обрадовались **встрече** и даже расцеловались
4. Так образовалось горное озеро, которое славится **красивыми цветами**.

словарь		ДВЕ ВОЛНЫ
берег		*m.* shore
броситься		*v.* throw (oneself)
вместе		*adv.* together
восхищение		*n.* admiration
впервые		*adv.* for the first time
вырыть	*imp.* рыть	*v.* dig
высоко		*adv.* high
выхватить	*imp.* выхватывать	*v.* snatch
горный		*adj.* mountain
дивный		*adj.* amazing, marvellous
дружелюбно		*adv.* friendly

заливать	*p.* залить		*v.* flood
канава	*d.* канавка		*f.* trench
кидаться	*p.* кинуться		*v.* rush to
клубничное			*adj.* strawberry
крушить *imp.*			*v.* destroy
лазить	*p.* залезть		*v.* climb
лапка *d.*	*f.* лапа		*d.* foot, claw *f.* paw, limb
лежавший			*ple.* be situated
лежать *imp.*			*v.* be situated *(in this context)*
лощина			*f.* narrow gully, cavity
мачта			*f.* mast
миг мгновение			*m.* instant, moment
мороженое			*n.* ice cream
налететь	*imp.* налетать		*v.* fly in
нападать	*p.* напасть		*v.* attack
нрав			*m.* temper
обрадоваться радоваться			*v.* be glad
обрушивать	*p.* обрушить		*v.* crash down *(in this context)*
óзеро			*n.* lake
опрокинуть	*imp.* опрокидывать		*v.* overturn
опуститься	*imp.* опускаться		*v.* fly down
песчаный			*adj.* sandy

плен		*m.*	captivity
плескаться *imp.*		*v.*	splash about
пляж		*m.*	beach
подняться	*imp.* подниматься	*m.*	rise up
получить	*p.* получать	*v.*	get
радость		*f.*	joyful, delightful, gladness
разрушать	*p.* разрушить	*v.*	destroy
свирепый		*adj.*	fierce
сдвинуться	*p.* сдвигаться	*v.*	come together
сдержанный		*adj.*	reserved
сдержать(ся)	*p.* сдерживать(ся)	*v.*	control, hold back, deter
слизнуть	*imp.* лизать	*v.*	lick
словно		*adv.*	as if, like
смыть	*imp.* смывать	*v.*	wash away
стремительно		*adv.*	rush
топить	*p.* потопить	*v.*	sink
удар		*m.*	blow
узкий		*adj.*	narrow, tight
уничтожить	*imp.* уничтожать	*v.*	touch
утка		*f.*	duck
широкий		*adj.*	wide

ЧАСЫ, МИНУТЫ, СЕКУНДЫ

Adjectives (по Ф.Кривину)

1 Понимаете ли вы слова: **стрелка, секунда, дедушка**?
2 Прочитайте текст.

Часовая стрелка на семейных часах **движется медленно**-медленно.
Как дедушка.
Минутная стрелка движется **побыстрей**.
Как папа.

А самая маленькая стрелочка бегает **быстро**-быстро.
Как бегают маленькие дети.

Стрелка-дедушка **показывает** часы, стрелка-папа - минуты, а самая маленькая стрелочка - **секунды**, потому что она и секунды не **может** на месте **посидеть**.

Папа минуты не может на месте посидеть.

А дедушка **сидит целый** час. Для него **часы пролетают** так, как для других минуты и секунды.

Грустно дедушке, что для него так быстро пролетают часы, и чтоб **отвлечь** его от этих невесёлых **мыслей**, у него то и дело спрашивают; **который час?**

Слышите, как?
Не которая минута.
Не которая секунда.
А который час.
Из **уважения** к дедушке.

3 Найдите антонимы, слова с противоположным значением.

быстро	грустный
весёлый	отвлечь
бегать	сидеть
привлечь	медленно

4 Поставьте вопросы к **выделенным** словам:

1 Минутная стрелка движется **побыстрей.**
2 Стрелка-дедушка показывает **часы.**
3 Стрелка-папа показывает **минуты.**
4 Самая маленькая стрелочка показывает **секунды.**
5 Дедушка **сидит** целый час.
6 Для **него** часы пролетают так, как секунды.
7 У дедушки спрашивают; **который час.**
8 Из уважения к **дедушке.**

словарь   ЧАСЫ, МИНУТЫ, СЕКУНДЫ

весёлый   *adj.* jolly

грустно   *adv.* sadly

движение   *n.* motion, movement

мочь   мог**у**/мож**ешь**/мож**ем**   *v.* be able

мысль   *f.* thought

отвлечь   *imp.* отвлекать   *v.* distract smb's attention away

пана   *f.* lady *(elegant)*

семейнный   *adj.* family

сидеть   *p.* сесть, посидеть   *v.* sit

стрелка *d.*стрелочка *pl.* стрелки   *f.* hand *(of clock)*

уважение   *n.* respect

целый   *adj.* whole

час   *v.* hour

APPENDIX   **RUSSIAN VERBS**

Inf. **понимать**   to understand   *Inf.* **понять**

Imperfective Aspect   Perfective Aspect

Present

понима́ю	понима́ем	-
понима́ешь	понима́ете	-
понима́ет	понима́ют	-

Past   Past

понима́л	по́нял
понима́ла	поняла́
понима́ли	по́няли

Future   Future

бу́ду понима́ть	бу́дем понима́ть	пойму́	поймём
бу́дешь понима́ть	бу́дете понима́ть	поймёшь	поймёте
бу́дет понима́ть	бу́дут понима́ть	поймёт	пойму́т

Verbal Adverbs (-я, -а, -вши, -в)

понима́я   поня́в

Participles (-ющ, -ящ, -ущ, -ем, -вш, -нн, -н, -енн, -т)

понима́ющий *(pres.active)*, понима́емый *(present.passive)*, понима́вший *(past .active)* | поня́вший *(past active)*, поня́тный *(past passive)*

Inf. плавать	to swim	*Inf.* плыть
Imperfective Aspect		Perfective Aspect

Present

плава**ю**	плава**ем**	плыв**у**	плыв**ём**
плава**ешь**	плава**ете**	плыв**ёшь**	плыв**ёте**
плава**ет**	плава**ют**	плыв**ёт**	плыв**ут**

Past

плава**л**		плы**л**	
плава**ла**		плы**ла**	
плава**ли**		плы**ли**	

Future

бу**ду** плавать	бу**дем** плавать	бу**ду** плыть	бу**дем** плыть
бу**дешь** плавать	бу**дете** плавать	бу**дешь** плыть	бу**дете** плыть
бу**дет** плавать	бу**дут** плавать	бу**дет** плыть	бу**дут** плыть

Verbal Adverbs (-я,-а,-вши, -в)

| плава**я** | | плыв**я** | |

Participles (-ющ, -ящ, -ущ, -ем, -вш, -ш, -нн, -енн, -т)

плава**ющий** *(present. active)*,
плава**вший** *(past .active)*

плыв**ущий** *(present. active)* ,
плы**вший** *(past active)*

ABOUT THE AUTHOR

Tamara Moreton was born and grew up in Russia. She currently lives in England, where she has taught Russian to adults at South Essex College.

She is the author of How English Pronouns Made Friends with Russian Pronouns, a full colour, illustrated text for children.

Available from: http://www.amazon.com/English-Pronouns-Made-Friends-Russian/dp/1466492619

Printed in Great Britain
by Amazon.co.uk, Ltd.,
Marston Gate.